Kiss from an Angel

JOSE LUIS VIZCARRA

Kiss from an Angel

Jose Luis Vizcarra

ISBN (Print Edition): 978-1-09832-115-4

ISBN (eBook Edition): 978-1-09832-116-1

PRELUDE

This story was inspired by the horrible mental conditions most soldiers suffer because of the violent experiences they were exposed to. The atrocities that they witnessed, wounds caused by explosions, bullets, gases and other weapons that man has developed to butcher other human beings. They saw their brothers at arms being blown to pieces, killed not only by the enemy, but sadly by friendly fire sadly as well! It's a nation's disgrace how those wounded soldiers are abandoned by the same country that made them believe that they were appreciated for their sacrifice to our country. Just think of the many wounded veterans who are currently homeless and in need of urgent care. So many of them commit suicide giving up on life altogether and most people unfortunately do not care about their plight.

The second problem facing our society is the bullying that so many victims in our public school system are exposed to everyday. Most adults in charge of the schools ignore the problem until a school shooting occurs and people are killed by a student who suffered countless incidents of bullying in schools. The administrators sweep the incidents under the rug hopping that it will be forgotten by the public. Why would they do not take action to prevent those acts? Well if they punish the perpetrators then they have to suspend or worse yet expel students causing the ADA average daily attendance to decrease and the school will receive less funding. In other words they do not care about the students' safety and they only care about the funding.

After any school shooting the media and the liberals jump on the horrible incidents blaming the guns and screaming about taking all the weapons away from legally obtained guns from law abiding citizens who do not commit such crimes. No criminal acquires any gun legally! Citizens get them to protect their families. The media do not cover incidents when a person kills a criminal who breaks into his house in order to protect his loved ones. Once a person buys a gun everyone in the house should go through a complete psychological exam, a background check and attend a comprehensive training to use a weapon in order to prevent accidents. It is common sense that when a criminal knows that a home has weapons that idiot will bypass that home. Weapons should be in different parts of the house. So many murdered people could have been saved if they had a weapon that he had sufficient training to kill the criminal. The best position of a person facing an armed criminal is behind the gun and the criminal in front of the gun that is firing several rounds!!

One of the most important needs for a human being is the feeling of loving someone and being loved in return. Many soldiers return because they have an important reason to return alive to their families, especially if there are children. The power of love is the most important asset that a man manifests with actions and words. Family is the single most important reason for a human being to succeed in any society. A loving family is the most powerful force in the universe. No army can defeat a country where families are together bonded by love and respect.

America is the greatest country ever created. Unfortunately there is no personal financial eduction in the public school system and in most colleges. They brainwash most students like the soldiers were and so many students are victims of their own education that does not prepare them to be financially successful in this country where the only two positions to be truly successful are a business owner and an investor. Those two do not require a college education which only prepares you to be a good employee. The very wealthy hire people who know more than them to make them money, they invest money so that money works for them and they only have wealthy friends who advise them on how to make much more money. When two two pass away a great fortune is transferred to their heirs who were properly trained to take over the estate. Don't get it wrong. An education is very important. The question is what type of education are you acquiring for all those years and thousands of dollars in debt that you now owe the bank. Of all the students graduating from high school only about five percent are really ready for college and once you graduate from college only about nine percent will get hired on what they studied.

1

THE KISS

The night was cold and the downpour increased the discomfort of any person being outside then. The raindrops continued to fall down after hours of the storm that had a mind of its own to cover earth with as much water as possible. Water is very important for the survival of any civilized society. Most people are upset at the constant storm forgetting that there is no life without water. They only are concerned by the inconvenience the storm brings.

The man was a perfect picture of a destitute homeless man without any care about his appearance. His clothes completely wet, extremely dirty, torn and cold. His long hair totally uncared for that had not experienced a shower for several months after he had competed his years of service as a very well trained Navy SEAL officer. At that moment all the survival training helped him to survive in any condition that most human beings would not be able make it. His clothes completely soaked and thorn in several places, his combat boots had signs that at one time there were functional combat boots. He also had a military duffle bag where he carried his meager possessions. At this moment his desire to survive had gone out of him. His will to continue to fight the elements was not with him anymore. His mind started wondering about all the training and service when he had served. He rose through the ranks because of his great leadership skills to lead his men. He was the perfect picture of what a military leader should be. His dedication to his men was unparalleled and his men loved him and respected him because he had trained them to the highest level in order to not only complete the mission, but also for them to return safely to their families. His SEAL group had the fame of never killing the enemy, but to incapacitate them so that they were unable to ever return to the battlefield. His philosophy was to never kill the enemy because a cadaver does not cost much to take care of it, but a wounded soldier is very expensive for his leaders. The good thing for him is to see that those enemy soldiers would return home to their families that would take care of them until their death. In other words those poor combatants will be out of the fight forever.

His training was so well planned that it was always a very successful mission. All the missions placed his men in situations to not only complete the mission successfully, but most important to him was the safety of his men. All of them trusted his decisions and there were no dangerous missions. The simplest mission without proper planning has the most dangerous action. That is why so many soldiers are dead. Bad leadership is more dangerous than the enemy's attacks.

His mind was full of anger and depression. He started to curse out aloud at God! He blamed God for his unfortunate situation that was caused by a severe condition of PTS that so many soldiers return home and need help immediately. It is a shameful situation how many great men are committing suicide in our cities when they return home. He was envious of all his men who returned home to their families and more of them had wives who waited for them faithfully. A few would become pregnant and others would follow the motherhood eventually. His loneliness increased his condition. His loud voice carried over a long distance and the dark silence added to his woes. His hateful words became a whisper because he even lost the strength to yell. His eyes full of hurt and desperation started to mix his tears with the rain drops that landed on his face. He had almost no strength to even turn his eyes toward the sky to curse God. Time seemed to stand still for a very long time. His Christian belief had disappeared from his soul. He had given up on caring for his hygiene and his condition started to deteriorate slowly. He had reached a decision to stop all his suffering by committing suicide. His Navy Seal training had trained him to be a perfect killing machine even with his bare hands. Even though he had all that mortal training he never used it on a human being. He used it to incapacitate the enemy. His motto was "Even a complete idiot can kill or destroy, but the great ones heal, fix or create!" His mind started planning his own destruction. The ultimate decision is the toughest that any human being can make. He was no exception. He just could not decide on the method because he had so many choices. He did not need a weapon or any drug to do the job for him.

The music kept the party lively and enjoyable. Many young people could not care about the storm because they were dry and comfortable indoors. Rose and her colleges from the school were at the popular club that they frequently attended and had formed a party family. They were inseparable going to the mall, sports, trips and parties together. Rose was a very young psychologist at the school. Her beauty was spectacular. Her body was formed perfectly as is one master sculptor had created it. She was very careful about her physical well-being knowing that we are responsible for our own health. The hair flowed down all the way to her ankles and moved like a concert when she walked very sensually like her mother had trained her. One thing about her was how her friends loved to spend most of their income in brand name clothes competing with Rose because any attire she wore was enhanced by her beauty and she did not go to purchase brand names. She invested her time and searched for her clothing in discount stores. Anything that she picked was a hit. She had a special talent for selecting proper clothing for every occasion. Her friends envy her because she was the best dressed lady in the group without spending so much money. Most men would stop to observe her because of all the sensual beauty she radiated. Her mother knew that a woman had to be very feminine and the ultimate goal was to attract a man to marry her. Rose objected her mother, but in the back of her mind she knew instinctively that her mother was right. Her mother had attracted a great mate due to her long hair and how she walked. Poor fool did not have a chance in the world! He was nailed at first sight. Rose's beauty was perfect. The most beautiful thing about her was her very kind heart. Her voice and mannerism attracted many to her friendship. One aspect about her that separated her from the rest of her group was that she never wore make up. She understood that her natural beauty would be covered by artificial chemicals. Her belief was to find a man that believed in marriage with the concept of "Till death due us part." So many wanted to be with her but only to have a relationship without commitment. She was tired of just trying to find that special man. God is the ideal Cupid!

The young man walked into the recruiter's office accompanied by his proud mother. A couple of hours later the young man was brimming with pride because he had just joined the United States Navy, his short lifetime dream. His father hugged him with pride and to celebrate his wise decision he started an investment account in some small companies that needed start up capital. Three of those small enterprises were Apple, Microsoft and Amazon. His father had invested as a young man and patience and discipline had paid dividends for him. He advised his son to invest most of his paycheck for his future. Little did they know what the future will bring them!

His Navy training was very tough because everyone had to learn on how to function as a very well oiled machine that functions perfectly all the time, because lives depended on their expertise and discipline. He learned every lesson so well that his superiors could not ignore his leadership skills and everyone recognized his talents to lead men. He was not satisfied to just get a promotion and serve his country. He learned about the toughest and most advanced training of the Navy SEALS that only a very few of the best can get through such though training not only physical but it was even the most difficult mental training to learn how to overcome the most painful conditions and mental torture in case he was captured. The training was to be able to complete the toughest missions regardless of the fighting conditions. His skills surpassed all the training at the highest level until he was assigned to be a trainer Navy SEAL! He now was in charge of training other Navy SEALS and develop the most competent units in the world. As the military expanded the involvement in other countries around the world he was assigned missions that only his team was able to complete successfully. Mission after successful mission received recognition from the highest level in the military and his battlefield promotions (the highest recognition of leadership and respect from everyone in the military) came very quickly, not only for himself, but also for everyone on his team that he promoted because he told everyone that it was not him but it was for the team not for individuals. Years in the war zone started to affect everyone in his team after all the atrocities they witnessed. So many people were killed and severely wounded. His team had loved ones waiting for them. It started to dawn on his mind that he was a single man and had never been in love! He started to plan his exit from the military which he had served with passion and excellence. Now it was the time to think about his future that he never thought about. You can only hold your breath for so long! As a human being everyone has the strong need to love a person and to be loved on the way to forming a family. He notified his team and all of them agreed with him that it was time to now begin finding a mate if they did not have one. All of them talked about continuing with the team and to create a business using their skills that had a great deal of demand. Finally the big day arrived and they were given many awards and bonuses. One of the wise advise he gave his team since the beginning was for them to invest most of their salary because they were not going to need any money. All of them were astonished at the value of their accounts and now they could live a life of near wealth because of their retirement income and their investment and since they had not borrowed any money they were financially independent for the most part. A few day later everyone had signed all their the paperwork to exit their military service. The team would be sorely missed because of their success. They would be very hard to replace.

Rose and her friends had a fantastic evening as usual. Somehow Rose had a spontaneous need to leave the party and she decided to exit it. All her friends were surprised at her sudden need to leave, but knowing her they knew that her mind was made up. A couple of them left with her for protection using an umbrella to protect them from the downpour. They started laughing and complaining about their wet shoes. They came out singing and laughing without a care in the world. Their cars were a block away and they had to go by the park just where he was sitting on a park bench. Her friends just ignored his figure and kept on walking except Rose who had seen him and out of nowhere she had the need to reach to that sad looking figure. She walked towards the man without regard that she was getting soaked and her friends did not realize her intentions. She stopped by the man and observing the desperate situation he was in she decided to speak to him and to find out what the man needed. He raised his head slightly and just was unable even to utter a single word and only very low grunts came out of his mouth. Rose realized just how bad his situation was. Her friends saw her with that sad figure sitting there and they approached her to make sure she was safe. They were totally surprised at her attitude and started to convince her to leave him alone and a couple of them started to make fun of him. She stared at them and did not answered them. Her friends continued to implore her to leave the man alone, but she refused and she was about to help him somehow. Her friends stayed just to offer protection not help. Everyone was astonished at what she was about to do. Rose kneeled down to see his face covered by long stands of uncared wet hair. A couple of tears rolled down her face when she saw his eyes full of hurt. She whispered in a very low voice that God loved him and had a future for him somehow. Just then the most beautiful event occurred! She put her hands around his face and gave him a kiss on his cheek! That very magical moment his healing began and he stopped thinking about suicide! He immediately realized that God had sent an angel to help him and that God's love is unconditional and he would get well. He knew that very moment that his wife was in front of him. Something magical occurred, the rain stopped and the sky started clearing letting a full moon light up the darkness. Tears of joy rolled down his face at realizing that miracles do happen if we have true faith. She stood up and held her hand to help him get on his feet. Her friends could not believe what she had done! "Just look at that, how could you do such nasty thing?" Rose totally ignored them and just walked him to a motel that was at the end of the park. "Look at Rose, Is she actually going to have sex with that creature?" Her friend kept on insulting her. She walked in the hotel's office and proceeded to register him for a whole month and paid for his meals as well. She placed a few hundred dollars in his bag for him to get some new clothes that he desperately needed. Her friends waited outside the hotel unable to say a word. They just had been slapped with her Christian faith. She walked out brimming with happiness like she had never experienced before! Her friends then realized just how great she was. He sat on the clean bed. It had been many months since he had felt the wonderful feeling of being indoor protected from the elements. He slowly moved to the bathroom where a clean shower will help him regain his human status. He lost time in the shower crying and praying to GOD and asking for pardon for the insults he had yelled at God. He then realized that his soul started to heal him. Coming out of the bathroom he saw his reflection on the mirror and kneeled down to pray and ask God for forgives. "Lord why did you send that beautiful angel to rescue me just before I ended my life?" He realized the miracle that it had just occurred. He decided to call his parents and to let them know where he was. He washed his dirty clothes he had so that he will wear them for the last time the next morning to go and buy new clothes and shoes to wear. Then he proceeded to go into a barber shop and clean himself up. Then he realized a new beautiful feeling that he had never experienced, but it was strange and dangerous to him that he was unable to control. He was trained not to have feelings because that can cause your men or loved ones to die in a battle field. Several of his friends and a beautiful young woman who he befriended and he had starting to feel love for her were murdered because of his friendship and closeness to the young woman.

Then it came to him. His mission in life from now on was to find that angel and marry her. No other woman will be the mother of his children, there was only one!

His parents arrived two days later and tears of joy were experienced by all. Before leaving the hotel he inquired about the angel who had saved his life. He decided to place another homeless veteran in that hotel, but he paid for the whole year. His parents could not understand his actions and he asked them to never find out about his motives. "One day I will let you know of a fantastic secret that you will find out at the right time." They left for home where he was covered with love and affection. He was not comfortable living there because he had a mission to complete. A couple of months later he notified his family that life was taking him back to that small town and they did not understand his urgency to going back to the same town. Nevertheless they respected his decision and he left them bewildered at his behavior. That simple kiss started a chain of events that only the All Mighty can plan!

2

SEARCHING FOR THE ANGEL

He arrived and started looking for a very small apartment for him to live temporally. He was wealthy and could afford to live anywhere, but he had a strategy to search for her like he had searched for the enemy in a successful military mission. Upon making himself comfortable in a decent apartment he began learning about the town attractions and businesses. Everyday he went about exploring all the town and starting to make acquaintances. He especially enjoyed the coffee house. He stated to frequent it and people became used to find him there always drinking coffee and reading books and writing. One occasion he saw a sports store and he went in to see what they had. A soccer ball got his attention. When he was young he was a very good player and now he was faced with one of his true loves, soccer. He purchased the ball, shoes, clothes and other items to practice that beautiful sport. He began playing by himself on the park everyday. His skills started to come back to him and he longed to be part of a team too. One afternoon a small group of boys saw his skills and were in awe. They walked slowly towards him and sat close by to admire him. Upon noticing those young interested faces he walked towards them. They got up and started to walk away thinking that he was upset at them. He smiled and stopped them. "Hey guys why are you walking away?" They were surprised but at the same time happy that he was not upset.

He started having a conversation with them about soccer and soon after they stated to become friends. He invited them to some ice cream and chat about the sport. They could not get enough of this fantastic man. Soon after they started to play soccer at the park very frequently and they also brought their school books with them. He realized that they were not only interested in soccer but in academics as well. Not too long after that first happy encounter their parents out of concern and curiosity came to meet him. They told him that their kids now were happier and were much more interested in their education. "Why is it that you with only a few days meeting them and now they are succeeding in their studies?" "Maybe is because I truly care about them." His response floored them, because he was correct. He just not only met the parents but he had totally impressed them. He continued participating with them and encouraged them to love the learning not the grades.

The boys mentioned how uncaring most of the teachers were and there was no love and respect only bullying everyday. "What? Don't you report it to the teachers and the administration?" The boys mentioned that they had done it but it was ignored by everyone. The ones doing the bullying were the football players. Since they were undefeated and the total school faculty protected the players from being suspended or expelled nobody could even report them. He then realized that there was a purpose for being there. He was trained extremely well to deal with bullies around the world and now he was going to go after little ones, they had no chance with him. He was going to attack them single handed. His training will be much more than just soccer. Now he was about to teach them about life and how protect themselves from bullies.

His first plan was to study the enemy. The best way was to be in that school in any capacity. He visited the principal and volunteer as a soccer coach for the boys. The principal laughed at the idea saying that it was a football school and soccer was not admitted. Besides the football coach will veto the idea. His field was exclusively for football. He started learning the enemy. He came with the idea that he could field a team that could practice in the park and not use the field. The principal raised his voice and let him know that he was not to make waves in this football school. He got up and thanked the principal extending his hand that was totally ignored by the principal. Now he knew how to combat that enemy that will not know what hit them where it hurts the most. Since he had the finances and the international connections he would build his own private school and take the best student away from that school. Just thinking about those boys gave him the motivation and passion to go back to war again, and now he will be fighting the American enemy!

One morning he went to the coffee shop that whe as turning into a nice habit for him to get his usual cup of coffee and read a great book plus write down some ideas. As he was in line waiting to order his cup in walked Rose with all her beauty which started him and he was very scared. She also noticed him and smiled at him. Their eyes met each other and chemistry started to take serious effect. He was unable to utter a word and she realized that he had been hit very hard. She laughed slightly and she said "Great morning stranger! Why are you so scared, I am not going to hurt you!" He smiled and said, "What a beautiful angel is talking to me!" She smiled and introduced herself at that very good looking stranger. He asked her to step in front of him and that he would be treating her to her coffee. They had a short conversation and learned about her. Now his plan had some information. Both of them were now destined to be a couple eventually. Both will never forget this encounter.

3

SOCCER THE CONNECTION

His mission had a very strong foundation on how to rescue great young men from bullying and low academics by using soccer as the most powerful weapon to combat the ignorance about the most popular sport in the world. The private school will have the best faculty from around the world and he will build a great soccer stadium that will be the the pride of that town.

He met the parents and the boys at a parent's residence. Most parents were not aware of the problems that their children had endured for so long. All present gave him a standing ovation and the boys jumped full of joy. He was the greatest teacher. He had them sit and they had to give 100% commitment to be allowed to this school. First of all the academics were a priority and time to study will eliminate all waste of time. They had to complete all assignments, pass all test with 95%, study groups six days a week, and a counselor to help them mentally to get over the toughness of the international program. They would learn other languages and study different religions to be able to deal with other nationalities. He advised the group that to be prepared they had to commit through mental hell for four years. The reward will be that the preparation will get them free college education anywhere in the world.

The parents smiled and gave him high fives. Nobody had presented such education program to them. The boys were very nervous. He just pointed to his heart and mind. "What do you want to be a champion in sport and academics or be average and ordinary, a nobody for the rest of your lives?" The leader of the group with tears in his eyes got up and gave him a hug and a kiss on his cheek. The boy was too overcome with joy that he was unable to utter a word. He hugged him back and most parents shed tears. He was the first boy to commit. All the parents and the 19 boys present were his first class! He asked the parents and the boys to keep it to themselves due in fact that the school faculty will fight them and try to legally keep them in the public school. He understood that those boys were the top students in the school and there will be a legal fight. He had connections with the best legal minds in the nation and his team will tear the school administration apart.

He called a building company to start building his classrooms with portables until the permanent classrooms were in place. The process to build the stadium was more difficult but not impossible. There was nothing impossible when there is a will backed by capital and the best building team in the world. It would take a couple of years to complete and that will leave enough time to form and develop the best team in the nation if not the world! The practices started at five every morning until seven to go to school and them they returned at four until seven to go home and study until 10 so that will have sufficient sleep for the practice. His focus was on preparing them physically to endure the though training to perform at the highest level. They started to learn slowly until he felt that he will join a league nearby. In the area there were very few teams and the competition was not giving them the practice he needed. He asked and searched for stronger competition which he had to travel several hours to reach it. Another way was to enroll them in older age competition which gave them better experience, but still his team started to reach a higher level of performance. Other coaches praised them and asked him to practice with them to help the other teams too. It was a good idea and his team improved to a much higher level. His popularity grew and newspapers reporters started to show up to his games and practices. At the school the football coach started noticing that the soccer team had more coverage than his team reaching the national championship game in two more months. He met with the principal to disband that soccer team. They will show them who was the boss in this town! We will cancel every game they have scheduled by sending the police to arrest anyone participating in the game! The teachers began talking and some were against such action. One of them discussed with his class. Unfortunately for the football coach a couple of the boys were in the class. They rushed to tell him about their plan to stop every game with police officers and arrest them. He just smiled and told the kids, "Are you ready for some ass kicking?" They were surprised that he was not afraid. He tanked them and told them that he had to get ready for the next game. He started making some calls to his lawyers and military connections. Unfortunately it is a major problem for idiots who do not understand the law. His team had to go across state line to have the game. The boys noticed that the stadium was almost full with military personnel. They had never played in front of so many people. They were very happy. Both teams started to warm up and shared pleasantries. The referee carried the ball to midfield and the captains met to hear the referee instructions. As the referee blew the whistle several police officers approached the coach and hand cuffed him.

All the hundreds of military personnel were aware of what was going to happen. Several FBI agents approached the police officers and started to arrest them. His cuffs were removed and he smiled. He yelled "Are you ready for some serious military ass kicking?" The whole crown yelled "Yes!" He told everyone that the school administration planned this. Their freaking ignorance forgot that this is not their state so that they were violating federal laws and doing everything illegal. The police officers were committing a felony and were about to lose their jobs and maybe jail time. The crown exploded in cheers! The police officers started to apologize and asked for forgiveness but the federal agents had to carry the law. He thanked them and they praised him for working with the boys. He invited them to come to one of their games. They were very happy to accept. He informed them that he had many friends in high places that helped them. They just learned a great lesson in law. He did not feel sorry for what was about to happen at the school shortly. He made arrangements to be there with his whole team and the parents! His plan was to be there first thing in the morning when school opens and wait in the principal's office to wait for the human waste to hit the oscillator. The team played their best game and the soldiers were witness to a great soccer team in the making. They had some refreshments with the team and interacted with all the military personnel in the stands. They had never imagined being part of something so wonderful. His vision was becoming a reality right in front of his eyes. Now that this phase of his plan was becoming a reality he started to think of his main objective, get to meet with Rose and start his plan to conquest his biggest fear, losing her forever!

4

BULLYING

The alarm rang and the boy dreaded getting up. He just knew what was going to happen at school. He was going to get bullied by members of the football team and nobody was doing anything about it. The whole town adored the successful football team because it brought positive recognition and many businesses did better every time the team won which was undefeated and ranked nationally very high. Everyone was looking forward in a couple of months where they might play for the national championship. The coach had instilled in them the power to control others through physical intimidation. It was common practice to get very physical before the game. He wanted his team to instill fear in their eyes. Pick on them daily and you will subject all of them to do whatever you want. So as days went by the bulling continued unstopped. If any faculty member reported the abuse the principal dealt with the issue. That meant that he called the players into his office. The faculty thought he was reprimanding them. How wrong they were. All he did was talk about the game and the plays they were running. As they left the office he yelled at them to stop doing all the bulling. He had control of the problems. All the faculty was in the principal's pocket. He had total support from them and he protected all the football team members, especially the coach who was considered a god at that school. Football was the only thing they cared about. Winning at any cost was the one and only thing that mattered at that school. The grades were arranged and the grades were higher if the student was in the football team. No one of the players were to be flunked regardless of their effort. In fact the situation was totally out of control. Students who studied harder were never given the proper grades. So apathy settled in all the classrooms.

The boy constantly asked the parents to transfer him to another school and the parents' response was always the same, "Listen, this is the best school in the area. Everyone here are very proud of the school's reputation. Why should we put you in an inferior school?"

They were ignorant as to was really going on at that school. The boy knew that it was a loosing battle and he had to endure it until he was out of high school. Suicide, running away, and moving to another relative's home will be his best answer. He felt totally stuck in his horrible situation. He was one of the top students in the school and he hated it. All his friends were top students at that school and they agreed with him that it was impossible to succeed in that situation, but unfortunately nobody had an answer for their problems. Their situation only was getting worse. Some of them started hating school and their grades started suffering. They talked among themselves, but nobody had the answer to their problems.

That eventual day they spotted him doing fantastic tricks with a soccer ball. His domination of the ball had them in a trance because they had never seen anybody do what he was doing with the soccer ball. He display total control and passion for what he was doing. They got closer to admire his skills and sat close to him on the park. He continued to exhibit total control of that ball with all his body parts. He seemed to have total control of the ball as if that thing understood what he wanted. As if he had an amazing skill to control minds he had them transfixed on him. They started to move closer and closer. He noticed them and stopped his activity and looked at them. Being bullied they were scared and started to move back ever so slowly afraid of what he might do or say. He just smiled and invited them to join him. Having experience with fear and intimidation he realized that those kids were victims of abuse and bullying. He started to ask them questions and to get to know them better. He invited them to have a soft drink or an ice cream cone to join him in a discussion about their education. They were very elated to find a man who knew how to play soccer and seemed to be truly interested in them. Where does he come from and what does he do? That was all of them had in their minds. He explained to them that he had a mission in life and that he enjoyed the sport on top of developing the mind. His attitude was very positive and they were instantly attracted to such a knowledgeable person who cared for them. They just did not realize at that moment the very positive effect in their lives that he will become. They opened up about their plight in school and the torture that they had to endure and that nobody cared. He right away found a calling in his life, fighting bullying in that school and to rescue those great kids so that they will have a fantastic future not only in the classroom but also in the soccer field.

They started meeting with him regularly and he started to teach them how to control a soccer ball. They started to believe in him and the more they were with him the more they learned to be better human beings. He did not tell them that he was one of the deadliest men in the world due to his Navy SEAL training. He was one who did not want to brag about his experiences which were so many with total success. He did not forget his main mission in life and it was just a calling he fell coincidentally in to help these poor kids. He was going to help them. He had the skills of leadership and all his financial fortune to change their lives. His mind starting to dream of building a private school to train not only American leaders but world leaders too. It was going to be a great battle and he was prepared to start his life again with a new goal and on the way he will be able to be with her.

The more they got to know him the more they believed in him. He taught them about being real men in all the areas of their lives. He inspired them to be the very best that they could be.

They confessed in him that they were very afraid of those bullies at school. He just laughed and they were surprised that he was making fun of them. He apologized and explained that those idiots were very easy to be defeated with the same weapons they used to torture them. That truly surprised them. The key to beat a bully is to attack them and then you will gain control of them with the same fear they use on them. He explained to them that bullies were very afraid creatures who they never had to face well placed punches and kick to specific parts of the body that were very painful. The nose being the number one target and the testicles a second place to torment them with the highest level of pain so that they will be so scared that the bullying will stop immediately. They asked him to train them on how to inflict the highest level of pain to get all that hate and negative experiences they had to endure. He just smiled asked them, "Are you ready to learn some severe ass kicking?" All of them hugged him and most cried because now they had someone to really help them face their greatest fear! "When can begin teacher?" He advised them that it will take some time to perfect their skills before he will allow them to use it. Personal defense is about discipline mental and physical he advised them. "I will teach you how to prevent confrontations first, then how to protect yourself and them how to attack not retreat and have no fear because you have total mental control the most powerful weapon there is. It is not about violence!" "You guys have been watching too many violent movies about revenge. The greatest power that we have as human beings is the power to FORGIVE!" "I know how much you hate them and you have been suffering, but once you learn how to forgive your life will improve 100%" That blew them out of the water. For a few minutes they were silent just thinking about those powerful words. They clearly understood that the teacher was correct and that he was teaching them what most people learn, only the great minds practiced it. He told them that once they started reading the Bible and other great book that they will really be educated.

He started training them on the point of the body would hurt the most. Pain is the best weapon to use. They really took it to heart and practiced relentlessly so that one day they will take all their frustration on the football players who tortured them. His practices were very effective and he knew that those wonderful human beings will never be afraid anymore. Then one day the test arrived! That morning before school they arrived as a group to protect themselves from the players because their real teacher advised them. Team is the best protection. Well, if it was going to happen it was better sooner than later. The meanest and most powerful one who really enjoyed inflicting pain approached the group and started to threaten them in front of many other students who were afraid of what he was going to do to one of them. One of the boys stepped up and confronted the bully and he was shocked that any living soul should confronted him, the most terrifying thing in the world. As he approached his victim lo and behold the boy punched him so hard with his right fist straight on his nose that the nose started bleeding profusely and several more punches and kicks landed on the most painful areas of the body that knocked him of his feet and he started crying and asking for mercy. The boy delivered several more hits with his fists and feet until the bully bleeding and beaten severely asked the boy for forgiveness and to please stop the beating. The boy finally realized that hate does not help and he help the bully to his feet and told him, "I forgive you!" The bully realized his mistake and apologized and they shook hands. The whole audience gave the brave boy an ovation and praise. Unfortunately for him the administration were not about to let a simple student who was under 100 pounds lighter than their hero get away such violence. His parents were called into the office and he was going to be charged with violence and that they were going to throw the whole legal book at him.

Some of the boys called their mentor and explained what had happened. It was time to start fighting. Those sorry people did not know what was coming. He knew the type of sorry ass people they were and he was going to deal with them legally. He made some calls and requested their presence to deal with the situation. He arrived at the school and asked the principal for a meeting. The man refused and asked him to leave the school grounds of be arrested. He then met with the parents and explained what had been happening at the school and that the administration had protected those who had tortured the boys for so long and that nothing had ever fixed the problem because they only cared for the football team. The parents were very upset and thanked him for standing up for the boys. He advised them that help was on the way. He asked them to be ready because the human waste was about to hit the oscillator. They thanked him and decided to let him take care of business. They boy was not suspended because they did not want to lose ADA, but they had him isolated from the rest of the students claiming that he was a threat to them. The boy just smiled and thought about the advise his leader had given him. Have faith and believe in yourself. His wisdom had helped him overcome his fear and now he was not afraid of the consequences.

A week later several automobiles arrived in the city and he welcomed them to the hotel which he had reserved. They met in a conference room and started planning the demise of that torture chamber. He smiled because the law was about to take effect very soon. The lawyers met with several parents and the students gave dispositions of what had been going on at that school for so long. The main target for them was the principal and the football coach. Those poor suckers did not know what was going to hit them. A few days later the lawyers had their case and they smelled blood!

Monday morning the school opened and in walked a lawyer to deliver a letter to the principal. He opened the letter and his face turned white. He started to ask questions and to deny any wrong doing. The lawyer just smiled and thanked him for accepting the legal letter requesting his presence along with the football coach in two weeks for a trial in federal court in the state capital. He immediately understood his problem. All his family had high end positions in the state courts and police department. He had no power in federal court. He panicked and summoned the football coach so that they can get the best lawyers for the court.

He rushed to speak with the superintendent and asked for legal protection. He asked the secretaries to start calling parents to deny any wrong doing and recruiting them as favorable witnesses for the trial. He knew that the lawyers would be interviewing them too. It was going to be a loosing battle but he was fighting for his life and he knew that the evidence was guilty of bullying for so many years. He simply was covering his rear end. He had to face the consequences of his actions. His lawyers suggested for him to settle out of court. He was so scared that he just wanted it to go away.

The administration soon realized that too many parents were very angry at the bullying and were about to declare in court. The only ones who showed support were the parents of the best players. That fight was going to be a blood bath in court! The district office were in CYA mode and gave a sorry ass public story. They accused the instigator that was destroying the community. Unfortunately the evidence left them white when confronted with the facts and the so called instigator was the only one who uncovered their little secret. Federal regulators disbanded the football team and the faculty was put on probation and the Federal regulators would be taking over the school. The principal and the football coach were assigned desk jobs at the district office. The whole community was in shock when they heard of the results. Again their mentor showed them the power of Forgiving. He had his lawyers advocate for the football team to play under a different coach. "I am not here to destroy lives, I am here to improve their lives." All the school staff was surprised at that act. He had the power to destroy them and yet he decided to help them.

5

BUILDING A NEW SCHOOL

His idea was great, but he did not count on his new BULLY, public education administration that will fight anybody from taking students away from the horrible public schools using legal methods or otherwise put so much stress on him that he will give up like so many little people who did not have his resources or connections. Those public officials were about to experience an enemy who was not going to give up. They were not prepared for this battle, legal or otherwise. He began by gathering as much information as possible and he hired a team to do the research, a team to request the permits at the state level, local level and all the way to the federal level. The school district sensed trouble and gathered their team to fight his new school claiming that he was unfit and that no local funds, state funds or federal funds would be used to build his schools. Poor idiots that only deal with citizens paying taxes to fund the public schools. They were ignorant as to how much financial power he had to not only build a great school but also a brand new stadium for his soccer team. He would not be using any public funds at all.

His team worked diligently and on the way met some very powerful people who agreed with him. First of all he bought federal land that will eliminate the state and local regulations. It was going to be a federal school on federal land. He had some supporters in Congress and the House of Representatives in Congress as well and in the Pentagon. Being a highly decorated Navy SEAL brings not only the recognition, but the connections as well. He and his team worked diligently and very hard putting up to 15-18 hours daily to get the school off the ground. First he leased mobil classrooms to be used on a temporary basis. The plans were done because he had the very best architecture firm to develop them. The model of the whole campus was just beautifully manicured and plants everywhere that enhanced the beauty of his dream. He was very emotional and started to cry. One of the members knew just how happy he was watching his dream right in front of him. It was so worth the effort! He invited all the personnel involved in the project to a banquet in their name for the fantastic job they were doing. He was not about to show it to his students. It was going to be a dream come true to all of them including the parents. They kept on asking him about the school and he just kept on telling them that at the right time they will be able to witness their school and a bigger secret for them to be so proud of what they had accomplished in such a short time.

He had put a fence to surround the construction site that would be impossible to see from the road so that the people in the town did not know what was going on and they were very curious and wanted to know but there was nobody who knew. Rose was also very intrigued as to what had happened to that stranger who showed up one day and then she did not see him again. She went to the acting principal to inquire about him and she was told that he was a very bad influence and that he was planning to take the best students from the school. She was very upset at him even thought she did not have the truth which was hidden from the rest of the staff. Hate started to build in her heart and she wanted to meet him to insult him and accuse him of hurting the school. She was really moved by unfounded hate for someone who was doing the best job giving those great kids the very best education that any student could receive.

The classroom, offices, bathrooms, conference halls, auditorium, science labs, cafeteria and all other rooms were built with the latest furniture and an extensive library and computer room. He was very proud of the new school and he knew that all his battles had been won, but his most important one had not been won yet. That started to worry him. Rose was so beautiful that most men would try to win her over. He was scared about this strange feeling for her. He was extremely prepared for most situations but he had never been faced with his innermost and so beautiful feeling for Rose. Life started to help him control his feelings so that he could function to finish the school and the stadium. The soccer team also took some time to develop a great team and the players were responding much better than the thought. "My champions deserve my full time efforts. Without them I would have been lost loving Rose so much." He did not want to loose that strange and wonderful feeling.

He started advertising teaching positions to give them the highest level of academic instruction. The compensation was the highest that any educator could receive. There were incredible bonus for the success that each student reached, housing, food, automobile, life insurance, retirement and several others that made this the most attractive teaching position in the world. The response was overwhelming. There will be five positions and more as the attendance increased. He recruited several headhunters to hire the five candidates that he will personally interview. He stated his requirements that would be demanding and only the very best educators would be selected. He also selected teachers to cover music, art, dance, singing and theater. His students will be well rounded in several areas of intellectual training.

He was going to have several horses and other farm animals plus experts in plants so that the students will take care of all of it. He knew that by being part of the responsibilities the students would feel part of all of it. They needed to take care of living things to really appreciate life and not take their lives for granted.

The team started to gather all the equipment and materials needed. He would create a library that would be the envy of any educational institution. Day by day he witnessed the school taking place. A few months later the school was up and ready to open finally.

The students had been attending classes in temporary classrooms away from the new school.

He finally told the students and the parents that today the secret would be presented to them. The excitement was evident and they could not wait to see it. He had all of them cover their eyes along with the parents. The bus loaded them and the laughter and happy talk made everyone brimming with excitement. Then the but stopped and he asked them to remain in the bus without looking. He lined up all the staff to meet them. The bus had stopped at the gate so that they could admire the whole school and its beautifully manicured lawns along with the horses. When all of them saw it they could not even utter a single word. All the parents could not believe that he had done such a fantastic learning center. It was so beautiful that all the parents wanted to volunteer in any capacity just to make their children appreciate it and besides it was so beautiful. They met the staff and the teachers who were responsible for different subjects. Walking through the classrooms and the bathrooms they saw that everything was very expensive and modern. They kept on asking how much the whole thing cost to build but he would not tell them. "Don't ever ask unless you want to buy it!" They kept on admiring everything and walked outside to see the fields surrounding the school. He gathered all of them and told them, "Are you little ones ready for the other half of surprise?" They saw and empty field and they asked him, "Hey teacher where is it?" He smiled and responded, "You guys do not have any vision or imagination!" "Can't you see the new stadium that will be right there?" You could have heard the yelling and laughter about the most beautiful experience they already had and more to come! All the parents could not believe that one man could accomplish so much in spite of all the opposition. They didn't know all his financial power, connections and powerful individuals in Congress and business.

When there are great ideas with imagination and passion it drives people to create amazing things. Unfortunately so many of those ideas die very soon due to the lack of support and capital. In this case not only was it a fantastic idea that was coming to fruition, but he had the support, the team and what makes the whole world run, unlimited capital. It was like a marriage done in heaven. What he witnessed that day confirmed his wildest dream of changing young minds into world leaders who will impact society to improve men's thinking.

His idea was that if he impacted 19 young minds who eventually became 20 an each of them impacted 20 then in a few years the world would be rid of most violence and bullying. Now he was more confident that his efforts will one day pay off. He realized that his intervention had made a major impact already in the lives of those who had followed him. He had a general meeting with the whole staff and the parents to go over the rules and regulations to be followed by all the staff, the students and the parents. His rules focused on respect, participation, behavior, attendance, uniforms, study habits, safety, academic success, teamwork, assisting with the upkeep of the school grounds and the livestock that needed love by care. Everyone agreed to the rules and regulations. The students were to be divided in five groups of four for better student-to-teacher ratio. Each instructor would teach a subject for a week to be able to achieve more mastery with each student and then change the students. Each week they were tested to check mastery and in case one of them did not scored at the mastery level the weekend was a perfect time to meet with the instructor to review the areas of concern. Every month the school had parent-teacher meetings to go over the student's growth. Since every student was a high achiever the instructors would have a great time going over what the student had achieved. Even the teachers were very fortunate to have this level of achievement academically. That inspired even the teachers to test their own passion.

He prepared the parents on how to check the students out of the school. He knew the kind of people the school system administrators were if the parents wanted to get them out of that school. He read the parents rights to be able to do it. They were going to get the run around until they just gave up and kept the students in school. He told the parents that the school district will threaten them legally and that prison time would be served. Don't worry he mentioned to them. That was a very effective weapon used by the school system to protect their ADA and the top students that affected their academic standing. He mentioned that their kids deserved true education and their human development. The parents learned that one of the top law firms specializing in public education would represent them and they would be free from your kids torture. One parent joked that at least he would be fed in jail and that he did not have to do any "honey dews!" Everyone bursted in laughter. He had prepared an incredible lunch for them. After lunch they toured all the school property and were very delighted to see its magnitude. That school would be his legacy to develop so many great human beings.

Next Monday morning the parents were very prepared to face the strong opposition in the school. They understood that they were protecting the livelihood and all the programs that ADA provided. One student moving would not do much harm or affect the academic standing of the school, but 19 was a complete different story both in ADA and it will really impact the academic standing of the school that was at the top in the district. The administration was totally unprepared for such event. The secretary was caught totally unprepared. She smiled very nervously and asked the parents how she could help them. In her nervousness she didn't know how to proceed. She walked quickly to see the principal about the situation. The principal had never seen the parents of the very top of any school move out as a group. He knew of the problems that the school had, but he was not responsible and the students moving out will cause him serious problems at the district office.

All administrators are politicians who get placed at the best positions in the district and due to their recognition there were better positions at other districts that would hire them. He was trained to be a politician that would please everyone but at the end he would come out on top. He instructed his secretary to give them the round around so that he could buy time to prepare to confront them. She did exactly and very professionally what the principal asked her, claiming that he was taking care of some school issues and that he wouldn't be able to meet with them then. The parents were prepared of the school administration actions and now they will go directly to the superintendent to complete the school forms since the principal did not want meet them then. He explained that going over the head of anybody would not be taking lightly by the principal. They arrived at the school district to request the forms claiming that the principal was not able to take care of them. The secretary asked them where they were moving and they told her that they were selected to enroll in a brand new private school and field a soccer team that it was denied. The secretary was very interested in that school curriculum stating that her own son had lost interest in school after being a top student since kindergarten. Some parents asked her if the boy had been suffering of bullying at school. She seemed very concerned about it. The parents were more than happy to describe what they had seen and just how happy their children had been since he had come into their lives. The secretary confided in them that she had heard of the recent events at that school. She was very interested to inquire about that school and she was very happy to do whatever they needed for those very lucky students. They assured her that they would inquire with him and he would get in touch with her. The days seemed to pass faster. The fact is that when a person is doing anything of importance this moves faster and he/she starts to run out of time especially when there is a due date. That mental pressure we put on ourselves makes it somewhat more difficult. The applications had a due date and the Secretary made it her priority to file the applications in order. The school administration felt some relive not having those nagging parents create more problems. They didn't realize who they were going against in a legal all-out-war. He was prepared to succeed not fail those boys and their parents who totally trusted him. They had experienced his work and were very hopeful that their children will receive the best education in the world. This was no longer about ego, but a great cause of the boys future.

The Secretary received his call which she never expected to happen so soon. She was elated to hear his voice and even more when they scheduled the appointment. That Friday both she and her son met not only him but with the whole group of the students. He explained to her that this school functioned totally different from regular schools. Here even the students participated in the school decisions. He told both of them that when the students had a say in their school along with the parents and the staff, he explained that when people participated in the decisions they would feel part of and in control of their education. The boy had to be interviewed by all the boys because they were a team and getting along with each other. They were like family and they had to work together to succeed. The boys introduced themselves and explained how much better this school was for them. It was stated bullying was the number one issue that was not accepted in this school because each one of them had been bullied. The boy told them that he had witnessed it but he knew that nobody cared. He liked that fact. There was no bulling here.

He also told them that his education had been stagnant because the teachers did not cover higher education that he was looking for. In fact he had started to lose interest in education. He had been at the top of his class and now he did not even care about it. All of the students smiled and asked him if he had what it takes to study to be on top of education. One of the boys told him that they had five groups of four students each and it was a very intensive course of study that prepared them academically. His reaction was a big smile and a hug to the mentor. They were 19 and now they would be 20. Five even groups of study. They mentioned to him that they were creating a great soccer team. "Do you know how to play soccer?" One of them asked him. "No", he answered. But he was willing to learn because he liked sports. He had been in the football team due to the fact that it was the only sport he was interested in. All the boys agreed to accept him if he was willing to go through the rough training. The mother was very happy to finally find a program for his son.

A few weeks later he had started to learn soccer and very soon they discovered that he had the ability to be a very good defender. His training in football prepared him for playing defense that is a natural fearless skill to protect the goalie. He not only excelled in the soccer field, but also in academics and his passion for all of it came out very soon. He became very popular with all the teammates because he was very humble and yet very confident in all his actions. Several of his former teammates wanted to bully him but he was always with his new team. He was sorely missed in his former school and especially in the football team where he was the best defensive player being scouted by some of the major schools in the nation. Now he was turning into a star at soccer. His quickness and being always in the right position was never beaten in any play. They respected his clean game. He didn't have to hurt people but don't get it wrong, if he had to get physical he was at his best.

He noticed how his team had matured and the boys started to trust each other. They were never out of position and helped each other. Their physical condition was in excellent shape and could play overtime games without being tired like the other teams.

The stadium started to reach completion and all of them dreamed of the day that they could play their first game there. The new boy was totally blown away by the not only his new team, but also to look at that magnificent stadium that he would be playing in. The town also started to get some pride on the new school, the soccer team and the brand new stadium.

After he formed his new school and was completing his new stadium the staff at the school was very upset at what the had done to take away all those top students from the school. All the talk was about how much they hated him and there was nothing they could do to run him out of town. Rose became visible upset too without knowing what was going on with all the bulling that was protected by the administration which was covered by the principal and the district. She came fuming everyday cursing at him and in a very foul mood. Finally one day her mother sat her and had a talk with her. She had never seen her in such a negative behavior. Her mother being very wise and with a great vision told her that nobody that she knew had the power to control her mind unless she was in love with him. She mentioned that love and hate are powerful emotions like twins and that indifference did not made her act that way. "My question Rose is this, how long have you been feeling this way about him?" Rose started crying and told her mother that when she met him there was something very powerful that started to affect her in a very wonderful way. "Why am I feeling this way if I just met him?"

Her mother smiled and said, "Rose you just met the man in your life, you do not hate him, you love him and want to be with him everyday. You are jealous of that school, the team, his success and the stadium that he is building." Her mother kissed her in the forehead and she now wanted to meet him too. Mother's intuition knew that he had been in love with her too and that is why he stayed in this little town with his two loves, Rose and the boys. One day the two lovers will have to come to their senses and face the fact of their feelings. Rose still had that hate for him and her mother told her that she should face him and let all the hate out or else she will only destroy her destiny.

A few days later Rose had the strength to face him and confront him personally. It was something that had to be done in person not in writing or texting him. Her rage was overwhelming her and she was losing control. She had never felt this way. Somehow in the back of her mind she felt very uncomfortable as if she was fighting against herself. It was a self-defeating feeling and she did not know how to overcome it and regain her control of that feeling that was so overwhelming. She tried to regain control but it was so difficult. As soon and she walked into the room she saw him sitting there making a phone call and he seemed so happy and oh so handsome. Her heart started to beat faster and she was totally defeated. Her feeling for him was so powerful, but that rage and she waited for him to complete his phone call. She startled him when he saw her in front of him. He was taken by complete surprise. She was the last person he expected to see there. He stood up and walked over to greet her but he noticed that she was not there to exchange congenial conversation with him. His smile disappear from his face and he tried to be pleasant but he noticed her state of mind. She was very angry and not in a friendly mood at all. He had to resort to his mental training to defuse the apparent orally violent situation. Her rage came out not unexpectedly and she pour it on him without mercy and she did not care what he thought about her. She had to let it all out. He immediately understood the situation and remained very composed and he did not interrupted her. His training prepared him for situations like this and he had to be the one in total control of his emotion for her, he loved her more at this time and he wanted to see her in spite of her anger towards him. Her beauty was about to make him lose control of his emotions. She insulted him without letting him respond and her words were hurting her more than him. How could she attack the man she was in love with and yet he had hurt her more. He did not respond only moved her head to let her know that he was listening and she was not prepared to see that her anger was not affecting him at all. How is it possible for any person to stand there and not defend himself against her accusation. Am I right or is he right in what he did to her school by removing so many great students? At that moment she started to doubt herself and she almost started crying right there in front of the man she loved so much.

Her eyes full of love and yet her voice had so much anger. His eyes showed love for her and she lost herself in this very uncomfortable situation. He then responded with very kind words and offered something to drink to calm her. She almost accepted it but she decided to leave.

On the way out he responded that he understood her anger and that she better get her information right and to get it from the kids who were being bullied and given a poor academic experience. His words hit her where it hurt the most. She regained her anger and turned around only to yell at him, "Oh how much I hate you!" He responded, "You hate me, but I could never will be able to hate you!" He knew right away that she was in love with him! She saw his eyes full of love towards her and she almost turned around and ran into his arms to kiss him. Poor fool she did not know he was that poor excuse for a man that she kissed that eventual night that would eventually find the man in her life that would make her the happiest woman in the world! She sat in her car crying her eyes out and having faced her worst fears that now left her totally confused and unable to even start the car. He saw her and approached her car. He inquired if she was OK. And softly asked her to ask the students and their parents because she will never find the truth. Those kids he mentioned were the second calling in his life and his first, the most important had not been completed yet. He walked away feeling so sorry for her and like her he wanted to confess his feeling for her and hold her in his arms and kiss her over and over. He now knew that there was the future mother of his children and his move had taken an urgency before he lost her.

She arrived to her house all confused crying and walked toward her mother and they hugged and started talking about what had happened. She was so confused with hate and love at the same time. She had a battle of feelings in her heart and she was not prepared to face the truth. "Love hurts!" Her mother smiled and tried to console her, but she was too hurt to reason. That night her pillow was soaked with her tears and she had not slept or changed her clothes when she went into her bedroom. The next morning she had to take a very long shower where she kept remembering what he had advised. Her emotions were more in control and now she had to find the truth. She went to the students' homes and began her fact finding mission. One by one of the people she interviewed were so happy and told her of all the torture and horrible education they had received and how the whole staff was proud of the football team. They asked why she was doing that and asked her if she had seen the classrooms and how happy the students were and how much better the education was. The last family she interviewed broke her completely and she started crying. The parents and the boy hugged her and she was invited to visit their loved school. She realized that she had just found out the truth and that hurt her. How could I been so stupid and ignorant about the horrible things that those poor boys had to go through and nobody did anything. Now she had to go back again and face another tougher choice. How could I ever face him, the man that I love and hurt with my selfish stupidity. She went home crying again, but her mother noticed that this time she was not angry but only hurt and in love! Her mother told her that she had to go back and apologize. Mother's wisdom knew that the man her daughter loved was very special and perfect for Rose. She told her that if she truly loved him she had to go and face him and that it was extremely important to honestly apologize to him. Just look into his eyes and you will find the real truth because I know that he is just as scared of his own feelings for you. Your own eyes will communicate with his and if chemistry is there you would have one your most important battle of your life. Love is the most important feeling that a person has. It defeats any hard situations and solves all .

6

ROSE COMES TO APOLOGIZE

That Monday morning she was prepared and knew what she had to do. She was prepared and at the same time scared. She was going to face the school Principal and find out from him the truth and them make a decision about her career. All these years the school had been a lie. She would not participate in an organization that hurt kids. The Secretary welcomed her and went to see the Principal to speak with her. As soon as she walked in he sensed a problem a hand. He asked her to sit and wanted to find out her reason to meet. She was very honest with hm and asked him about the bulling that had been on and how it had been covered all that time. He started to give her a sorry ass excuse that it was a very rare event and that it had been taken care of. He mentioned that both the Principal and the coach had been reassigned to the District office. She stood up and he helped her make her decision. She handed him her resignation. She did not say a word and walked out without looking at him that was totally surprised by her reaction. He right away knew that he had lied to her and he felt very uncomfortable.

She had to sit in the car for a while and gain some sense of composure because she had to face the most difficult problem, face him and apologize for insulting him, a victim of her hate!

She drove very slowly wishing that the drive would last forever. She stopped several times and bought a very hot cup of coffee hoping that it will give her strength. She drove into the parking lot and she had not even noticed the beautiful campus the last time she came. It was so beautiful and there was this sense of love all over the place. It took her a few minutes to walk in as her legs were shaking and her steps were very slow. One boy saw her in the hallway and ran to meet her. He gave her a hug and a big smile. "What a pleasant surprise Miss Rose, we wish you had been working here!" That gave her the strength she needed to walk in. The boy opened the door for her and asked her please take a seat and wait until he notified him. The boy smiling told him that there was a very pleasant surprise waiting to see him. He winked and left laughing. That surprise was the best ever! As and both eyes met it was instant chemistry and there was no going back, it was a point of no return. He immediately extended his hand and that lasted for a while and no word was uttered until he asked her how could he help her. Her eyes started filling with tears and rolled down her face. She did not even care that he saw them. He was speechless and he handed her his handkerchief to dry her tears. She started sobbing uncontrollably. That broke his heart into pieces. All he could do was to hold her in his arms and let her finish her crying. He was in love and now she was in his arms and she felt so in love in the arms of the man she loved. She did not want to break the embrace. After a few minutes she regained her composure and separated from him very slowly. He guided to a seat nearby and he sat very close next to her.

"Please tell me what brought you in this time because the last time you left me hurting quite a bit seeing how much you were hurting. I wish I could have taken your hurt away and not let you suffer so much." "How could he be so loving to me after what I did to him?" She was totally impressed by his response. She finally was calm enough to speak. He walked over to get her a bottle of cold water that she drank and this water was the best tasting water that she had ever drank. "I want to say I am very sorry for what I did to you. I have to apologize because I hurt you very much. I am totally lost and I do not know what to do to make it up to you. Please let me know what I can do for you so that will help so much to alleviate the pain I caused to you. I spoke to several people and they love you so much for what you have done for those kids." He put a finger to her lips to stop her pleading. The other hand went to his own to show silence. "You don't have to do anything to help me. The ones you have to speak with are the victims. Please walk with me and I will gather my little ones." Now she started to realized just how great of a man he was. She followed him to a room bigger than the classrooms. He summoned the boys in the intercom and the chairs were formed in a circle. She sat in one of them and they waited for the boys to arrive which they did very soon. The boys knew how to enter the room quickly and sat dressed sharply in the school uniform.

She was very surprised to see all the very happy faces. He addressed the group. He explained that they had to hear Miss Rose and that he would had to go to continue with his work. "Miss Rose you are here for them not for me, please be very honest with them and they will respond to you." He left them and went to his office. She did not know how to start. One of the boys let her know that she was welcome here and not to be afraid to speak to them.

"I need to ask for forgiveness for not been there at school when you were been bullied. I wish I could take your pain away, but I do not have the power so my only way is to ask you make it up to you." The whole group in one voice said, "We love you and forgive you!" She started crying and one boy brought tissue paper to dry her eyes. One boy stood up and said with a very wicked smile, "Miss the one thing all of us agree on is that you could marry him and make it up to us by making him happy!" "He has done so much for us that you will be the best present for him, and I think he has feeling for you too!" Everyone started to yell and laughter filled the room and it spilled into the hallway. She joined in the laughter. She had never been so happy in her life. Them they sat and got very serious. One of the leaders stood up and said, "Miss Rose in our lives nobody other than our parents had taught us not only to be great students, soccer players but the most powerful thing he has taught us if the power to forgive our worst enemies. You are not our enemy, but you were ill informed because all the evil things were covered and so many teachers were unaware." That statement brought even more tears not of sadness but of happiness and love. How could that man be so great? I don't think I deserve him at all. What have I done to help others? "Mis Rose we invite you to visit us frequently to share with us our success." "I would be very happy to visit you happy brats." A boy walked out to let him know that it was over and that everyone was very happy.

He walked in smiling at her and his eyes searched hers. Both eyes met and sparks flew out.

They walked back to his office and began talking about her school. "Today I resigned my position when I spoke with the Principal." "Why did you quit your job?" He asked her. "It is because of you!" She said very sure of herself. She did not care if he found out how she felt for her. He looked at her with all her beauty in front of him. He would create a job for her. "Rose, how would you like to work for our school. You are a great psychologist according to the parent I spoke with and we will be very honored. I will ask the directors to accept you. Bring me your application and I am very confident that you will be accepted. Please let me know what was your salary and benefits." He handed her the paper. He did not want her just yet to know how wealthy he was. Instinctively she hugged and gave him a KISS on the same cheek. He almost fell to the floor with that impact. He was speechless. She walked away smiling and very happy she had kissed him. Poor fool not knowing that she had kissed him before to SAVE HIS LIFE. She felt that God"s hand had something to do with it. She prayed very happy walking into her home singing a love song. Her mother was very happily surprised. "Why are you so happy?" Her mother asked. "You would not believe what happened to both of us?" She explained just how fantastic he was. He surprised her every time he was with her. He had created a fantastic school. She told her mother that she had resigned her position and why. But the best thing that happened was that he offered a position at that wonderful school and students. Her mother noticed that she was not telling her all that had happened. Finally Rose told her that she had kissed him on the cheek and that finally she had been in his arms being consoled and the kiss was to say thank you for her to kiss the man she loved finally. Her mother hugged her. "I want to meet Superman!" Both laughed and to celebrate they went to the mall!

He was left touching his cheek for several minutes. Her lips had the power to give life and he pictured her kissing his baby. Now he will have her very close and nobody will get on the way. Next day in walked not only Rose but his parents and brother as well. She was carrying the application. They met and exchanged pleasantries. The mother was very impressed with the beauty of the school and the classrooms with such small teacher to student ratio and the big soccer stadium being built. He saw her paperwork and noticed that she was being paid $80,000 with benefits. He immediately authorized $200,000 plus benefits! The whole family screamed "What!" When they saw the numbers. Her mother right away asked him why was she getting such amount of income with benefits. He sat back very confident and told her that all the staff was hand picked and were paid more than double what regular positions make. "I want the very best staff for my little ones and I am willing to invest in their education and that is why our directors have authorized me to get the very best to get the very best results." Her father told him, "You have made my daughter very happy and I have no words to describe my appreciation." They shook hands and he invited them to visit the classrooms and the school site. They went all over the school site and were very impressed with what he had accomplished. Her mother being a mother asked him if he was married. He blushed and smiled. "I do not have the privilege of having a lovely woman being my wife.

I am searching for that special one that will be the mother of my children not child!" Everyone laughed and she smiled. Rose sensed that he was sending her a message and placed both hands on her stomach dreaming of the day she will give him that pleasure. Driving home her brother told her that that men was perfect for her and that now he had no escape. It was the best drive home ever for all. Her mother started making plans to make sure he didn't got away. A determined mother is impossible to defeat. Rose just kept on dreaming about their baby. What a beautiful message he had sent her!

Days later he called his lawyers and gave them instructions to find out all the debt the family had and to pay it off. He ordered them to keep this very confidential. Upon doing it they would receive a bonus which they knew was substantial. They went to work and discovered the college debt to be over $250,000, the mortgage was $450,000, four cars $125,000 and several credit cards and store loans $85,000. Her father had been very stressed lately with all the debt payments and it started to take its toll on the whole family. Their earnings were not enough to pay the bills and they did not know what to do. Night after night they sat around the table thinking of ways to solve their problems. One evening there was a knock at the door while they were going over the debt payments. Her father went to answer the door and to his surprise a lawyer was standing in front of him with a briefcase. The father's face turned white scared of that bill collector because he had been late to several payments. The lawyer reassured him that he was not a bill collector but had some very good news for them. "May I walk in because here it will be very difficult to give you the pink slips and the all the loan papers." It took a couple of minutes for the father to react. He apologized and invited the lawyer to the table where everyone was sitting. He thanked them and proceeded to take out all the debt papers. "I am here to inform you that all your debt has been paid off and now you are debt free!" "Is this a sick joke or something, please do not do this to us because we are all stressed and do not have time for jokes like this!" The lawyer smiled and handed them his business card. He explained to them that there is this person who has to remain nameless for the time being and he paid off all of your debt. He told them that he had done several things like this and did not want the name to be known. The name will be known at an appropriate time. It took a few minutes and then they reacted by crying and thanking him and that angel who came to their aid. "But how does that person know about our problem?" The mother asked. The lawyer mentioned that they were a very deserving family and he had the resources to do that. That angel had been blessed and he wanted to bless others too. He said that it brought a tremendous amount of happiness knowing that they would be happy and just to pass it on to help others. The mother and the whole family hugged the lawyer and invited him to share dinner with them. He accepted and they kept on asking him questions. He wasn't about to spill the beans. He disclosed that he was being rewarded to keep it a secret. The lawyer smiled and told them that he had more good news for them. "What!" Everyone yelled.

He removed an envelope and handed it to the father. He instructed them to open the envelope until he was gone one hour! "NOOOOOO!" Was the immediate response, but they agreed to that. The group was in a very happy mood and the lawyer laughed at the jokes and made a fantastic evening. "Most people have a very bad experience with lawyers. My job is to bring great news to people and most of the time break bread with very happy families like yours and that person has a very special feeling for this family!" How can that be? Was the question everyone had. Everyone kept on watching the clock and it moved oh so slowly! When the hour went by the phone rang and Rose answered it. The lawyer called to let them know that the hour had passed and he was so happy doing his very positive job. "Please open it and we wish you that you enjoy it! Her father just kept on looking at that present without opening it. "First we must say a prayer and thank God for the angel he sent us tonight, for a while I was doubting God and was very depressed and did not know what to do about our situation." Everyone started praying with their eyes closed and crying with happiness. Her mother was the first to open the envelope and three checks were in it with a handwritten note in it. She read the note and started crying again. The note was read by all and they almost forgot about the checks! Her father and mother received $1,000,000, her brother $250,000 and Rose $2.000,000! They were astonished and could not believe what had just happened to them. Who would be so crazy as to do this for us? They started talking as to who might be that angel and they did not know anyone who was rich much less filthy rich like this.

The next morning he met with the lawyers and they celebrated it. He handed them their bonus which was double what he had promised them! He opened a very expensive bottle of wine to share with them his happiness. "You might be wondering why I am doing this, but it is a secret that will be disclosed at a very special date in a few years when the boys graduate and we will have a great ceremony that you will be invited, nobody knows my secret that gave me so much life!" He almost disclosed it.

When the very joyful lawyers left him he sat and enjoyed his glass of wine thinking about Rose that now dominated his thought just as Rose only thought about him. His smile left his face thinking that he was not well enough mentally after his trauma, but he was improving his condition. He picked up the phone and called his parents. He had not spoken to them for a while and his mother was very happy to hear from him. They spoke for hours and he shared his happiness and the success of his school and that there was a very special person in his life that did not know his feelings for her. He kept the lawyers and what they had done for him because he would disclose to them that special person. At that special day everyone will find out. His family wanted to see the school and his success and hopefully they will meet her. The one who had more questions for him was his sister who always protected him like a mother. She was the one he had to be very careful with his secret. He knew that Rose would be so much loved for what she had done to save his life. He just sighed and dreamed of the day his Rose will be his wife. He kneeled and began praying out loud with emotion and he started crying for what God's love had brought him.

7

DISCIPLINE

His military training was based in discipline. He knew fully well that every successful person was very disciplined to reach their goals in all aspects of their lives. The boys started to understand what that meant because their lives were changing for the better in all areas of their lives. They remembered getting up early in the morning as the most difficult skill they had to endure, but with practice it became second nature and in fact none of them needed an alarm clock now. Their parents were very surprised that their sleepy heads who slept very late almost until 12 were now getting up way before the parents and surprisingly they did no longer complained. They met at five in the morning to exercise with him and started by running short distances and increasing them slowly until they had the proper condition. Practice does not make perfect he used to tell them, perfect practice does and it is why I am so tough on you brats to learn how to run, put on your socks, and wear the correct clothing when exercising. I will be getting tougher on you to get you to be where you only dream about. Your teachers do not ask you to do better and you settle for mediocrity like most people in this country. I wish you were able to see younger boys than you in other countries that work extremely hard to support their families because their fathers had been killed. They were very quiet loving every word he said and most taking notes and realizing just how fortunate they were not living in war countries. Up to now they had taken for granted their lives of abundance and having both parents living in clean homes with all the comforts of this country. They were starting to appreciate their lives and families more. After practice they went home to shower, have breakfast and leave for school on time. Their uniforms had to be well pressed and clean because their leaders inspected them. Their shoes were shined and spit shined like he showed them. Your presentation speaks volumes about you so don't let yourself down. They were never late, one of the worst CRIMES in that school. "Who do you think you are? You insult the person waiting for you!" You must manage your time. Write your priorities and organize your items for the next day the night before. Your space must be organized. Get rid of useless items because they will cause you to waste time. Always thank your parents and always pray for wisdom not material things or a girlfriend which will be issued to you when you graduate not before. They always laughed at that statement! Before going to bed they learned how to meditate to have their bodies relaxed and cleaning their mind of negative thoughts. He taught them how to study and master the lessons. He mentioned that most student just read the material once or twice and not practice it enough to master it. Always ask for more instruction if unable to understand the material. That is why they were grouped in groups of four to help each other to master the lessons. They had to test each other constantly to check for understanding. They loved how easy it was when they applied the skills.

After the eight hours of academic training they changed their uniforms for the soccer practice clothing. Details were checked by the captain and discipline ruled all the practices.

All the boys learned how to play defense first. Being in the right position always the most important part of playing the game. They leaned very advanced moves to take the ball away from the opposition, how to head the ball, use the chest, knees and feet to control the ball, search the field for teammates to pass the ball to. They learned to play the midfield position which he said was the most important position because it controlled the game and the outcome in most cases. He stressed it to everybody and drilled them until they were mastering all the moves with the ball and without it.

He kept on directing the flow of the game and to control the ball by passing it not dribbling it. The rolling ball is faster than any of you. It is the best way control the ball and have better chances of winning. The last thing he taught them was to score goals. They practiced kicking with both feet. They practiced until eight and then went home after showering to eat dinner and do their homework and study until very late. At the beginning several parents had concerns about it. He had sessions with the parents so that they could be aware of the training. He was preparing them for the academic life where they will be missing sleep all the time. Most parents had never gone to college. They slowly agreed with his philosophy especially when they saw the results with their kids. The boys adored him and always defended him when the parents complained that he was too tough. They boys always responded, "Do you want a mediocre son?" As time went by they started to shine in all areas. The neighbors always complemented their parents about the behavior of their kids. He knew that he had tough love because life was too tough on unprepared individuals. His training was for life itself not the academic world. He was developing the first class of his great creation. I love these boys! My best is for them. Then he started thinking about having girls too but he did not understand girls so he will be a failure and God and his mom had not created failures so he did not think about it for a while.

The academics, the team and their development was advancing better than he had planned. Why not teach them financial education and discipline too to build millionaires? They needed it, just like one day my father started me investing and now look what I have accomplished. He scheduled a general meeting to introduce financial education for the boys and the parents. All were very excited to learn about money. A few days latter he started the lessons. The first lesson was to learn how people earned income. All in attendance believed that the only way to make it was to work hard and save money. He just shook his head. He explained that people acquired fortunes using great workers and money to work for them. They were in awe at his wisdom. Nobody had given them financial education. The lessons were intense and very effective. The parents started to write down ideas to develop. But the ones who will benefit the most were the students because they were much younger. All started to invest money in mutual funds, the simplest way and extremely effective over 10 years or longer. Sharing his wisdom was very emotional to him due to the fact that his father had started teaching him at a very young age. Again he mentioned that to become wealthy they must have discipline and consistency. They saw that the Rule of 72 indicted the number of years that it took for their investment to double in value and on the other side of the coin it showed them how soon the debt would double as well. He was an enemy of debt and stressed the evil of debt to enslave people for the rest of their lives that turned them in slaves of the lending institutions. They were so grateful to him for what he had done for them. Very soon they started to try and play Cupid and connect him with one of so many prospects that he can pick to form a family, but he always changed the subject so as not to be rude. His whole world was Rose, the one and only woman he would marry in time.

8

THE NEW STADIUM

From the idea in his mind to the current construction his dream was becoming reality and the team was oh so excited to play there for the first time. He started to give more attention to its development. He had frequent meetings with the building team. The building was becoming a beautiful reality and he started planning games and to attract talent searchers and coaches from different areas. The completion date for its stadium was projected in two months and there were many busy people. Trucks kept coming bringing all the materials needed. He had not allowed the team to visit the site. They will cut the ribbon when it will be ready for them to display their soccer success as one of the very best teams ever put together. The new uniforms were ordered and the invitations were sent to special guests. He did not tell the boys that he had invited scouts from European teams and other areas where soccer was king. He also invited representatives from FIFA the ruling body for soccer worldwide that had the connections to schedule matches in several cities around the world. It was going to be a great surprise to his boys. That is why he was so tough when he coached them. They were all business and no time was wasted. The practice just kept on improving all the team. The date was approaching very fast. The base was very solid and reinforced against most disasters. The seating was that of the best stadiums in the world. He received many compliments on his work of art. The dressing rooms had the newest equipment and the medical room was extraordinary with the latest instrument to help the medical personnel deal with any medical emergency. In other words the patients did not have to travel to a hospital. He had medical staff ready to go into action at any moment. The security was first class and had the latest equipment.

Then the day arrived when all the building team had a great celebration because they knew just how great was their work completed earlier than scheduled. He was so pleased with them that he issued them big bonuses to share in his excitement. Once they celebrated it was the turn for the team and their parents with the whole staff to have a gran opening ceremony. Big tables were set in the middle of the field to have a feast so that could take pictures and they were dying of playing their first game finally.

When the boys went into their very own dressing room they saw just how great it was! What caught their eyes immediately were the brand new uniforms with their names and numbers. The socks and new soccer shoes were there. The lockers had heir names. Most of them just cried and hugged him. He had created a heaven here on earth for them. He announced them that next Saturday they will have their very first game with a team from Europe to open the stadium with a great game. The boys had a very hard time sleeping those days before Saturday. He did not tell them about all the people he had invited including reporters from major newspapers and TV reporters not only from America, but also from around the world. They were interested in witnessing the team and also the brand new stadium that was so much better than many professional teams around the world. The school started to gain recognition around several countries that started to get interested in having a relationship with him and his team. When they found out about the school academic success too they became very interested in bringing students to his school to get the best education and coaching. His phone started ringing everyday with inquiries about the school. His school was going to grow exponentially with students from other countries. He started making plans for a major expansion and also to hire headhunters for more teachers and staff to be able to meet the demands that it would bring.

The date for the game finally arrived. Everyone at the school arrived very early. The team went directly to the locker room and when they opened the door their excitement turned into silent awe! It was an immaculate clean room with all the equipment that a major pro team in any sport could wish for. The most impressive sight was the beautiful new uniform with the logo by the left side of the chest, the number and their names. The shorts matched the color of the shirts, the socks displayed the name of the team with the school colors that were created professionally and were very expensive too. In the closet there were four more sets of uniforms waiting for them to wear them proudly representing not only themselves but the school, their families and the town. They were very unsure about touching anything and each of them just kept staring at each of their cubicles with their name plate on the top side of the cubicles. Nobody could say anything and then he entered the locker room smiling from ear to ear oh so proud. "How do you brats like YOUR LICKER ROOM?" He spoke to the team and they all cheered very loudly. "The stadium is filling very quickly and it is up to you to demonstrate just how great team you have created, because we are not going to disappoint those people who are taking time from their busy schedules to watch play." The team captain reassured him that his team would make him very proud as a coach and that he deserved the very best showing by them.

They were instructed to go and meet the other team and to thank them for coming here and that they were going to play their very best clean game and that both team should enjoy the new stadium and that they should come again to play and more than anything to have a great time beating each other. The other players really appreciated such welcoming to their stadium.

The teams went out to the field and were very impressed with the grass so well laid out and the lines perfectly marked. The referee also made great compliments about the field and the beautiful stadium. Both team lined up to start the game and he blew the whistle to begin. The team was so well prepared that the other team very seldom ever had a chance to touch the ball or even have a free teammate to pass the ball due to the fact that the defense was always on a great position to defend the goalie. Their ability to move the ball amaze everyone present, but the recruiters and coaches were even more impressed with the skills that only professional player displayed. The goals kept on coming systematically and the other team could not do anything at all due to the fact of the perfect passes and the scores were on a position to score easily. At half time there was a surprise. Since they had scored 12 goals the coaches decided to mix players from both team to finish the game and have a great time sharing the ball with the players from the other team. Everyone had a great time and the score was forgotten. The most important thing was to make the other team feel great about playing them. The other coach was very appreciative and thanked the team for the education they received of skill, teamwork, coaching and most of all the very positive attitude they displayed. The guest waited to meet with them after the game. They were recruiters for professional teams, coaches and also members of FIFA the ruling body that controlled all the professional leagues around the world. They met and congratulated the boys. The recruiters told them that once they graduated from high school there was future for them on their teams. They had never seen a whole team play at the highest level ever. The FIFA representatives spoke with him to schedule games with semi professional teams to play on some of the most famous stadiums in the world before the main games. It would be the greatest experience for everyone at the school because everyone will be going and all the expenses would be covered.

Rose came up to him to congratulate him. Her eyes full of love and with admiration for him. Oh how she dreamed of being in his arms. His eyes met hers and he was scared to open up his feelings. He had to look away so that she did not uncover his love for her. He had to speak with her about getting her passport updated. She was surprised. "Why do I have to have my passport?" He did not tell her why and the only thing he stated that it was going to be a very beautiful surprise that she deserved. "You are full of surprises mister!" With a smile she exited the room and she turned around just to look at his face and eyes hopping to catch him and his secrets. She just smiled and her eyes full of love caught his. It was too close for comfort he thought. I better be very careful with my feelings until it is time.

He got up very quickly and ran after her. He caught up to her and put his hand on her shoulders and very softly turned her around. He desperately wanted to hug her and kiss her, but he was so scared and apologized. "I am sorry!" She was very pleasantly surprised. It was the first time she had felt his hand on his body. Sparks flew on both of them. "I forgot to ask you to notify all the parents and the boys to get their passports too. "What evil plan do you have in mind, aren't you satisfied with the amazing success that you have without any help. Now I really understand why they love you so much!" "I would like a man like you to be the father of my children!" That floored him! "Rose, and I would like very much to meet someone just like you to be the mother of my children!" She blushed because she had exposed herself. Then he finally had the courage to open up. "You are a very special woman and I am getting better after fighting a real bad mental condition, your presence in the school is helping me get better everyday. You are a person that I need by my side to complete my recovery I will share my secret with you and my family. Please Rose give me a little bit of time to do something about our lives." His eyes started to get full of tears and Rose came to him and held his hand in hers. She got a tissue from her purse and dried his tears. Now it was her time to open up. This was the time she was hopping for. "I hated you very much and my mother being very wise told me that I loved you and that is why hate came out of me. I have never met any man who is as great as you. I will wait for you and please allow me to be as close to you to get you well enough for us to do something about your fatherhood!" Crying and laughing both felt a big relief and no longer were afraid to show each other how much love they had for each other. "I need to meet with your parents to talk about our feelings." She was so happy and walked very slowly to hug him and kiss him with passion and love. He responded with tender love and very scared to go beyond a kiss. He wanted to make love to her but when she was his wife. It will be very hard to wait, but he wanted to make their wedding night the most special night in her life. He understood his father's advise. Once couples become sexually active before marriage both lose respect for their bodies, cheapens the relationship and creates shame and resentment. In so many cases pregnancies lead to killing the babies to correct the mistake. In some cases diseases are spread among people. Yes, sex is the most beautiful communication between a man and a woman on their wedding night when they discover each other's body. "Rose, I want to start by being friends first so that we get to know each other very slowly and deeply. A relationship always fail when people don't know each other well. All my families don't have divorces because they start the relationship as friends and get to know each other very well. I want to build a great foundation with you. I am afraid to lose you by doing something very stupid in our relationship. My commitment is a life long one. I know no other way if it is important, and you are my priority in life. I want to know if you are able to commit for a life time. She did not expect such thinking so strong and reassuring. So many men got the women pregnant and then leave them. "I love you too and I also want to commit for life. You are teaching me something so powerful and wise. Where do you get it form?" "When I tell you the secret you will find out why. But I get it from my father, his father and so on. There are no divorces in my family because they respect each other and are committed for life."

A few days later he let everyone know that he had to travel for business and it would take him a few weeks and he will return to go on the trip with them. Rose was very sad to hear that he had to go on an important business trip, but she understood and she was confident on him. What he did not tell everyone was why he was taking the trip. He went to see the places that they would be going to and to made acquaintances in several cities. He also made arrangements to go to the opera, concerts, ballet and the surpise was that he would be taking them to witness a Latin dance competition to stimulate their hormones watching very sexy women and handsome men dancing great songs.

9

THE SOCCER TEAM TRAVELS

He had a general meeting with the staff, the students, parents and the most important person, Rose. He started by saying, "Hello everyone! Are you ready for a really big surprise that will blow your brains all over the place?" Rose was dying to find out what he had up his sleeve. Everyone was very interested in finding out. "Listen to me really carefully and do not ask any questions until I am done, is that a deal? Everyone yelled, "Yes!" "Why did I ask you Rose to get your passport?" She did not know so she shook her head. "Anyone can tell me why you had to get your passport?" One of the students raised his hand and stated very confidently, "You are going to take us to other country!" "Close enough, but not close enough!" "Doesn't anyone have any imagination?" Everyone just laughed. "Ladies and gentlemen are you ready to go to Europe for a couple of months to play in the most famous stadiums in the world and to visit the museums, taste different foods, music, maybe meet your wives!" He just looked at Rose and winked at her. The whole team jumped out of their seats and started yelling full of happiness. The parents were so happy and one of them spoke, "Are you aware that we don't have the money to do that?" He just smiled and said, "We will cover all the expenses for your and everyone associated with the school." Rose smiled and she started crying because she was so happy. He came over and said, "Rose I will never allow you to be sad, please don't cry." She said, "You crazy fool I am not crying because I am sad, don't you recognize happiness in my eyes." He hugged her and looked into her loving eyes. Oh God how happy I am with the angel that you sent me! He was thinking. She looked at him and asked, "How can you cover all the expenses that will be tens of thousands of dollars?" He smiled and said, "The corporation is covering the costs because they believe in what we do." She looked at him doubting him a little. "Your eyes show doubt about it, Don't you? Please trust me and you will know everything in time. Oh by the way it is very legal. I don't ever do anything stupid."

The next days it was a mad rush to get everything organized. It was a lot bigger than he expected, but he remembered his military maneuvers and just how organized it was. He stayed calm and collected to be able to get everything ready just to get people on the planes that were chartered. He did not want to go commercial due to the time it would take to go through security, a real necessity nowadays to maintain a country safe. Rose was the person responsible to organize everything and she delegated very well several parents who were very happy to help in any way possible. She did a fantastic job getting so many people on the plane. Everyone had a check list to complete before going to the airport. "I know that you silly guys do not want to miss this fantastic trip because you forgot something. I know your mothers will be all over you to be ready." He kept on reminding them all the time. Most of the parents showed concern about the number of people going through the airport to get in the plane and if there were going to have everyone on a seat in the plane. He just responded with this phrase from the Bible, "Oh ye with poor faith! The whole mob is not going to fly commercial, we are going to a private airport and we will fly in two chartered jets! You don't have to remove your shoes and go through the metal detector. I will let the pilot know when we are ready to fly and the food will be fantastic not just sodas and a bag of peanuts!" The boarding process was done in a few minutes without any incidents and both planes were totally loaded, luggage loaded, the plane was checked and fueled the night before. He was very confident about the experience of the pilots. As soon as everyone was seated and the plane was on the air and stabilized the service began with refreshments. Adults were served alcohol. "Since you are just over 21 and you are not allowed to fly this plane that I am in then you can have a couple of drinks, provided your better half gives you permission." Everyone just laughed at his sense of humor, because he was trying to calm some nerves on those who had never flown before. The pilot put some happy music so that they could sing along and create a very happy environment and make the flight seem shorter. Later on the food started coming and they could ask for more not like the commercial fights where you were allowed only one. The food was served with real silverware and it was delicious. Rose had selected the meals. He spoke on the intercom, "I want your attention please, all of this could not have been possible without a person on this plane, and it is not me because I would not have been able to do this great job for us. Please give a big round of applause to show your appreciation to Miss Rose!" She blushed and looked at him, "No, I am not the one who created all of this. I can not take credit because he is the one responsible and all I did was a little work." Everyone on the plane showed their gratitude. They took their seats and both of them sat together silent for a few minutes and then she held his hand very lovingly and he responded by squeezing lightly hers. Their eyes met and words were not necessary because they knew both of them were in love and were fully aware that they will marry eventually.

The boys enjoyed the internet connection, games or a large selection of the newest movies.

Most of them were conditioned to be good stewards of their time and they spent the majority of the flight just studying and meeting with their teachers who came along to provide more instruction during their free time. All the adults were in awe of just how responsible and motivated to learn the students were. Rose and him just spent most of the trip holding hands and communicating with their eyes. Now and then he caress her face with his palm and running his finger along her long hair that held his heart captive. "Please Rose, never cut your beautiful hair." He mentioned softly. She understood his plea and she did not plan to cut it ever! The man that she loved and he loved her was captured with her beautiful hair. She did not want to risk losing him and besides she loved her long beautiful hair that had taken years and effort to develop it.

Everyone saw how obvious the love between them was and it was a relationship that showed the boys how to court a mate that you want to marry with respect, dedication, love, responsibility and patience so as not to get sexually active before marriage. The parents were in total agreement that their children were getting much more than a great academic education, soccer training but also how to be real men so that one day they could be very successful husbands and fathers.

Finally they arrived at a private airport in Madrid, Spain to begin their tour that will change their lives forever including Rose and him. Limousines were waiting for them and they were not aware that they would not be staying in hotels but homes with families that were waiting for them to meet players from a team that was starting to become famous due to their athletic skills and some knew of their academics. Each family received the boy and the parents into their homes. It was a great opportunity to start creating international relationships. Maybe one day they could reciprocate in their own homes. Both Rose and him were housed at different homes to protect themselves from giving the wrong message. Day after day the group had great experiences being housed with families and make new friends. The trip had been a complete success more than he expected.

The first game was attended by about half the stadium and everybody experienced a great exhibition of soccer. The other team had never been faced with such skills and condition. They spent the whole half chasing the ball which they never had possession of and when they did the team took it away from them by forcing errors and their lack of condition started to take effect. They simply gave up after being down in the score 8-0 and their goalie never touched the ball. After half time the second team finished them off by adding more goals. They did not acted like idiots celebrating each score. After the game they gave the other team encouragement and spent time to get to know each other. The other coach spent time and had a great time getting pointers on how to train his team. The people on the stands took videos of the highlights of the game which were many and those were posted on the internet which went viral across Europe. Manny thousands of people viewed them and were very anxious to pay to see them the following games scheduled for them. Word spread out about the team and their players. The other team scheduled to play them were very happy to play with them to learn about that famous team. During their stay in Spain he had a surprise for them. He took them to see a concert which most had never attended and for that they would be waearing their new tuxedoes. Oh boy, they looked so handsome and many girls just kept on looking at them and smiling very sensually. Rose just smiled and gave him a punch on his chest. "You devil, you knew what was going to happen don't you?" She smiled and he claimed total ignorance! Everyone had a fantastic night enjoying a great concert to show them what's great music was about. Rose looked at him and asked him, "How many more surprises did you plan for us, you devil, you?" He just smiled and said, "Oh my love! What can I do for the one I love and for all those little ones who trusted me?" She closed her eyes and kissed him very softly.

The rest of the tour was outstanding. The team got international recognition where they love soccer and great players have millions of followers which make them extremely wealthy.

Game after game was just an exclamation on the sports section of the newspapers. Even television sports news started to cover them for the rest of their tour. Now they were playing to standing room only crowds. The group was in awe at the recognition they received not only about their athletic prowess, but also at how well educated they were. Most had learned some of the basic conversation language in several languages. They were not the typical American who only speaks one language and expects everyone to speak English to them. The team was also very well academically prepared and they enjoyed visiting museums and places of historical fame. They had local experts give them tours and taught them about history of that region. They just absorbed everything that was explained to them. They were able to exchange personal information from those people to follow up and learn more. The locals were more than happy to do so because the group had the learning spirit.

The surprises continued by going on to an opera and experience great singers. But the real surprise was to go to an international Latin's dance championship to start their sexual education about the opposite sex. They dressed for the occasion, but definitely were not ready for what they were about to experience. As soon as they sat Rose looked at him in a very special way. He saw her and again claimed total ignorance. She knew better. She just smiled. As soon as the couples came to the stage all the boys' mouths were wide open just looking at all those extremely sexy dresses and the beautiful bodies and just seemed so happy. When the competition started it was so explosive and it showed them how to lead a lady when they were dancing. He had a blast just observing the eyes of all the students. It was the most beautiful experience for all, but it was not over. At the end of the competition the anouncer told everyone that a group of great students were visiting and some young ladies would like to teach them Latin dance. He invited all the students to go to the floor and meet their partners. Those young ladies were so beautiful and were dressed very sensuous and the poor boys were very scared to be with such beautiful ladies. The audience had a great time watching great teachers in action teaching the boys Latin dance. He and Rose just enjoyed themselves. "You really did it, what a beautiful surprise. Poor boys would not be able to sleep tonight." He responded, "Do you blame them, I think there was a massive falling in love tonight." Then they realized that those boys were quick learners and they enjoyed the music.

The time flew by oh so fast and nobody wanted it to end. They had met so many great people with the teams they played and others who had enriched their education. At the end of the tour a celebration with most of the team they played and for some of the members of the teams girls who they had met was planned and they had a great feast with the cuisine they had experienced. They were very surprised that wine was served for every meal. Their parents allowed them to have half glass only. Rose now had the greatest admiration about him and her love increased even more. Their walks in the evening spending time together in those romantic places while they talked about their future together sharing great wine and the stars in the dark sky. Now and then they were able to hear music from those countries. The nights are so romantic. He mentioned to her that his mental condition was very close to be cured to be able to take the next step. She just closed her eyes, dreamed squeezing his hand and put her head against his chest. All he did was caress her hair and face very lovingly. Those moments alone walking very slowly just fed the love they had for each other.

One of those evening when they were alone they sat in a very romantic area and there was a full moon which mad the moment more romantic. He asked her to close her eyes. "Rose tonight you are going to experience "Butterflies kisses" but you have to keep your eyes closed." He picked a petal from a rose on the vase on the table and started to caress her fingers very softly, she just moaned softly. He continued up her naked arm to her neck and went up to her ear lobes, then slowly caressed her closed eyes and slowly down to her lips which started to part slowly. He dropped the petal and began doing the same with his finger and then he used his lips to kiss every way from her fingers to her neck, her ear lobes, her closed eyes and finally he touched her lips which were waiting for his and they embraced and the caressing lasted several hours. When he felt that he will reach a position that he would not be able to control and he would make love to her tonight. He slowly separated and looked in her loving eyes that had disappointment. He touched her lips and she know that he was about to lose and she would have gone with him. She knew that the sacrifice was worth the wait. She dreamed of her wedding night. She just squeezed his leg. He was captive to her beautiful eyes and long hair. She told him, "I want more of those BUTTERFLIES KISSES."

The day arrived when they had to get back home and everyone wanted it to last much longer. The arrival was very emotional. Everyone thanked him for all he had done for everyone. They asked him to let them know what he needed and they will do it. After everyone left for their homes. Only Rose and he were left alone. They sat to reminiscence what had just happened and they were very happy about their experience and that of the students. As soon as Rose arrived home she was so happy and just pouring compliments on him. She told her parents all the great things they did and how much she had learned about people because of him. She was so in love with him. Her mother being very protective pointed out that he must be extremely wealthy to cover the trip and to be careful about his intentions. He might just use you and drop you like used shoes. Rose took offense about that and mentioned to her mother that she wanted to have sex with him but he was so much opposed to it until she was his wife. He really wanted it too but he mentioned that doing it on their wedding night would be so much more beautiful for her and if we did it before that would cheapen the relationship. Her mother was left speechless and hugged her. "I am so sorry, I guess he is the man for you that will make you oh so happy."

10

THE SCHOOL DEVELOPS SUCCESS

All the effort on everyone's part started to pay off. The hand picked instructors were extremely well qualified, the hours studying, the small group instruction without any interruptions, accountability on everyone's part and more than any was the desire of everyone to make it great not just mediocre. Everyone started to reach out for excellence in their outcomes and that requires superior effort which they were more than willing to put the effort to accomplish it. The instructors had never been exposed to these type of students who even forced the instructors for superior education. The poor teachers had to work overtime to prepare and they just loved it. By the way the bonus didn't hurt their commitment. The school had a great library, computer lab, chemistry lab with all the instruments and materials needed for instruction. What all the staff needed it was delivered to them. The support was so much better than where they had been before. When they instructed the students it was pure pleasure to teach. The students were ready and willing to participate in class and were always on time, homework complete and very clean, all the students participated in deep discussions about the subject matter and they prepared to challenge the teacher by reading extra materials. So all the teachers were also challenged constantly. Everyone just loved challenging each other. The saying goes, "If you want to really learn just challenge a teacher, but you have to prepare. Mediocre teachers fear students challenging them on the subject matter and great educators invite the students to challenge them and to prepare for it. This was the very best way to learn! That is why most public schools punish the students when they question a teacher's knowledge. The most dangerous question you can ask a teacher is "Why do I have to do this and is it in my best interest?" Here every teacher was challenged with respect and admiration and it was a two way street too. Mutual respect and demanding excellence was a way of life in the school.

Word started to spread out about the success of the school and he knew that the enemies will come to try to close them down with lies and regulations that only benefit the system and punished the student population with mediocre education. He had a general meeting to prepare them for the fight that will be coming. "It is going to be tough and long, but we are strong and united. "Don't fear because we have the results and the knowledge. Our school will put any other school to shame if challenged. We are going to prepare because your future depends on us KICKING THEIR COLLECTIVE ASS HOLES!" Everyone just jumped up and shouted, "Sir, we are behind you and the school that you have created, we are ready for war!"

At the same time there was a different kind of meeting at the state office of education. Several high end officers and leaders of the teachers unions were very mad at that man who had showed them off and put them in their place the last time. Lawyers and the officials looked at all the laws that he might have violated. They spent a few days developing a plan of attack to destroy that freaking school. One thing that they did not have is how to prepare for real war. The idiots did not realize all the connections he had at the Federal and International level. He put together a LEGAL DREAM TEAM because he could afford them. He had many experts and financial angels who believed in private education like him. Those angels were to put their unlimited resources in a war chest. Rule number one in war is not to let the enemy know of your plan. You have to study their weakness and strengths. What he did was to find out who they had in the state team and prepare a plan. They were going to be in deep crap when he finish with them.

He knew that they will have to go to court and to issue him a cease and desist order to stop instructing in that illegal school. What they did not know is that one of his parents worked at one of the school and she had heard their plans. It is a great advantage in war when you have spies in the enemy's group. He prepared her to be very quiet and don't talk to anyone about it. Your son's future is on the line and not to worry because our team had the best legal minds in the country.

He and a couple of his legal team took the court papers. They analyzed it and prepared a response. They went to the state Capital and located the court where they were served. They filed a petition to block it. A few days later they received a response that their petition was rejected. His team knew that it was going to happen and now they had to go to court where they will take the state to shreds legally. They had violated so many federal protection laws that protect the individual.

The case was set for a couple of months in the state court. The whole team moved into the best hotel in the city. He wanted his team to be in the most comfortable place to get ready.

When the district learned of who was in his team they were very concerned. The very best legal minds were there, people who they themselves admired or were students in their classrooms. It did not take too long for them to realize that they were going to be exposed, ridiculed, and all those negative results of doing something very stupid.

Word started to spread around and newspapers started to follow the case closer. One day he received a call that would change everything not only for his school, but the national association for home schools wanted to be part of the trail. He was so happy to welcome them as part of the team. Since there was too much on the table to take it seriously they planned and arrived to the conclusion that the best approach was to make it a federal case where they would make it a Class Action suit where all the children on home schools will be the beneficiaries. The parents were going to fight very hard along with him to protect their right to quality education. They all agreed that public education had failed miserably and they will no longer subject their children to such torture to enrich all the companies associated with public schools.

The day the case started the court was completely full and they set up monitors in other room to allow others to follow the case. Their lawyers started reading laws that were implemented to provide all children with a free education where true professionals who were experienced were very successful in educating all the students. He claimed that what the home schools were doing was to provide a deficient education to the students and there was no way to monitor the instruction. He claimed that the money provided by the state belonged only to public education. He pleaded that the money came from hard working tax payers and now it was lost to irresponsible parents who were totally incapable to educate their children. The parents stood up and insulted the moron lawyer who did not expected such reaction until the judge calmed everyone and asked everyone to leave the court for a short recess. He commanded the lawyer to go with him to his quarters. The judge slammed the door shut and started to lecture the foolish lawyer as to respect the parents who are also taxpayers and what was he thinking that he could insult them. He had no respect and question his capabilities as a lead lawyer. The judge questioned that if he was the lead lawyer how bad the other lawyers were too. He literally got professionally ripped apart by the judge. The lawyer realized just how stupid he had been trying to make his losing point to the court. His team knew right away that they had lost their case on the first round.

The lead lawyer for the students stood up looked at the other side and smiled. His preparation was outstanding. He started to ask many questions about public education and the system they used to teach all the students with the same methods. He just went to the jugular and asked if all the student learned the same way, had they asked the students what they wanted to do, why it was that they called themselves professionals if they taught the same for all the students, he asked the other team to explain how could they be successful with all the students if they did not understood how every student learned and their level of education, how the students were promoted when they were at a lower level in education, he asked them

What percentage of their students were ready for college that they claimed they were preparing their victims, how many actually graduated from college and how many had a career on what they studied. The court was astonished at the questions and the judge just covered his eyes and shook his head. He presented facts to the court about the actual success of their students who loved it. Also he mentioned how bullies were protected by the faculty because they did not want to lose funding. He asked them what was the cause to the shooting in the schools and a complete idiot claimed that it was the guns! The lawyer just laughed at that poor fool. He just told him that it was the bullies who are the cause not the guns. He asked them what would happen to bullies when they are caught and they responded that they were counseled. He asked them if there were strong consequences for them and they came with the stupid response that they were children and he smacked them down. He mentioned that they were criminals old enough to understand consequences. All his parents gave him a standing ovation. Poor idiots just squirmed in their seats because the parents were looking at them with contempt and total disrespect.

The rest of the days was pure legal torture for their side and just wanted to end it and they no longer wanted to win the case. At the end of the trial after a very short recess the jurors were unanimous in the results, the home schools won! But their torture was just about to get even worst. All the parents wanted to be part of the Class Action trial in Federal Court. His lead lawyer gave the paperwork to the other team. As soon as the lawyer read it his face turned white like if he had seen a ghost! He knew just how great the case was in favor of the parents, but now it will be costing millions of dollars because he knew that they could not win and immediately he asked the lead lawyer to settle out of court. He just smiled and told him that he will seem in court! That day many districts around the country had special meetings to face the worst financial storm coming their way. Teachers who expected a raise after many years faced the consequences of how they had treated the home schools and now it was pay back time.

The Federal case was completed in record time. All the suffering finally had a financial solution thanks to one who took it to them by himself at the beginning. Now he had not only national recognition but international as well. FIFA asked him to give a speech to a group of educators from several countries. He accepted because he wanted to be able to rescue great kids all over the world from horrible systems.

The testing period was near and they celebrated their culmination with a big banquet for the whole staff and their parents. Now was the time for them to come through with flying colors.

He told them that he only accepted excellence and he knew that they would be very successful professionals, human beings, husbands, fathers, investors and most of all conservative citizens. He knew that all of them will be volunteering time to serve their communities.

The students had to travel to the State Capital to test several days because they would be testing in several tests SAT, ACT and the IB which are the most challenging tests there were.

The test administrators were very surprised and asked the students if they wanted to take only one because they were so physically demanding. One of the boys responded, "It might be for the students to go to mediocre education, but we trained for excellence. Our mentor showed us how to prepare for success not only in school but also in life and sports. But thank you for your concern." The poor guy was surprised and would never forget those 20 young men who looked so well prepared. He asked them if they had prepared sufficiently. One of the boys told him how miserable high school had been until he met them and started guiding them to be better human beings with values and passion. He opened a school for only 20 of us to start and recruited five instructors who specialized in different areas. There were only four students per instructor so there was no wasted time. The day started at five and we practiced soccer for two and half hours, showered, ate breakfast and were in classes at eight until five with one hour for lunch, changed clothes and practiced soccer until eight, shower, ate dinner and studied until 12 or 1. The guy was astonished at the schedule. He was told that he would not been accepted to the school. Even the students have a chance to accept the students because it is a team and we must trust each other.

The testing was very intense and lasted several days. The preparation was the reason for their success. When the testing was done they went back home for some rest and recreation. He had another surprise for them. He was going to take them to Disney in Florida for two weeks and just let go and be boys. Those two weeks he had time to be with Rose and just talk and got to know each other much better. Communication is the key to any relationship, especially marriage. The boys were going crazy with happiness and he and Rose knew that their great day was getting closer, but there was this "secret" nagging her. If you want a woman to think about you tell her that you have a secret and that would drive them crazy. They went back home after relaxing for a couple of weeks and now all there was it was the waiting for the test results.

11

THE BIG SURPRISE

Four years go very fast when you are busy. The whole academic, personal and athletic program went much better than expected. He had a dream and he used what he had learned in his NAVY SEAL training. Now he found two not only one reason for living. He was going to surprise Rose with more surprises. One was to start adding girls to the school and she would be in complete control of their school. The second was to invite his NAVY SEAL team to the graduation along with his Commanding Generals with Condoleezza Rice who he admired as an example of passion and would be a great role model for girls to follow. All of them were very excited to attend it. The auditorium could seat up to 5,000 people. All the latest equipment was going to be used. The sound was clear and the spot lights were very important for what he was planning with technicians. He gave them specific instructions and they practiced and tested all the equipment until it was ready to go.

Rose was completely clueless as to what was coming. He kept her on a need to know basis. They discussed the graduation and he delegated with her details that she was very happy to do. The invitations went out a couple of months to give the most important guests enough time to be ready.

One month before the ceremony he received the results and he read them with Rose and she hugged him and kissed him. He complained that he did not take the tests! They both laughed and celebrated with a very romantic dinner a wonderful night full of stars in the sky. And there were more "Butterflies kisses" which she had been adicted to

The morning was dark still but he got off bed to shower and get ready for the biggest day of his life. The ring was in a small box. He had ordered it with one of the master jewelers to build a very special work of art for the most beautiful woman who had saved his life. He did not care the seven figure price, but what that ring meant, that she would be his wife finally!

He prepared his NAVY SEAL white uniform that made him look like a Greek god! He did not show it to Rose until he proposed to her. He had asked her to dress with a blue long dress and two wear her long hair in front of her. She did not understand why he requested that but she would do it anyway. He took his uniform to the dressing room where he will change. He was going to pick her up that morning and have breakfast before the graduation at 10 in the morning. The third surprise was the new estate he had built and now it was ready just in time for him to take her in his company's helicopter to show her their home.

She heard a very loud sound of a sports car approaching her home. He had been driving a very inexpensive compact car so she did not expect him to show up in his brand new yellow Bugatti! Her brother and father went out to see what was making that noice. Their mouth was wide open with surprise when he came out and greeted them. They gave each other a hug and right away the brother had to ask "Oh my God that must cost a fortune!" "Can I drive it?" He mentioned that being such an expensive car the insurance only allowed him to drive it. One day I will take you to where you can drive several of those cars. "Really?" He thanked and just asked to sit in it and to open it to see the engine. "How many cylinders it has?" He mentioned that it had 18 cylinders and that is why he was not able to control so much power. He had to take over 100 hours training just to be able to buy it.

Rose came out dressed very beautifully. She was radiant in a spectacular long blue dress and he was in a black tuxedo that made them look like models. Her mother came out with a camera and took some pictures. It was just the perfect couple. Her mother was thinking "Why is this fool is taking his time to marry her?" He reminded them that the ceremony of graduation would start at 10. They left and he mentioned to her that he had a small secret for her. "Is this the one you have been torturing me with?" "OH no, this one is a tiny little one!" She smiled and he held her hand.

"Rose how would you like to run the school for girls?" She immediately responded very happyly, "What are you saying, how can you read minds?, I was thinking of asking you but I was afraid to ask you." They started talking about it during breakfast and then left for the school. On the way she kept on admiring the car that impressed her. "Whose car is this, it seem very expensive." She mentioned. "It belong to the corporation." They arrived early and soon the students and their parents started to arrive. Just before the start of the celebration several gala uniformed soldiers filled in and soon after several limousines arrived. Several high military ranking officers walked in and sat up in front as guests of honor and then Ms Rice walked in and everyone was very surprised to see her and all the military present. "What are they doing here?" She asked him. "You will see soon, they are part of the surprise that I have kept for so long. Even my parents do not know it yet." The celebration started when several students played a few songs with the musical instruments. Later they showed videos of the games that they had played in Europe to display their excellence in the game. One visitor awarded the school a commendation for their success and relations that the school had developed. He extended the invitation for the school to continue to visit them and some teams will be coming to play in the beautiful stadium. Each student was awarded medal of excellence in athletic participation. Then both of them had the results of the tests and everyone was very anxious to find out their results. They were not worried about them because they had been trained at the highest level and they were very confident. He praised the group and he was extremely proud of all of them. He started calling each student and all of them had mastered each test! The audience stood up and gave them a standing ovation. Their future was set for life!

He excused himself and went into the locker room to put on his NAVY SEAL officer gala uniform with all the medals and commendations. He looked like a model. She was standing by herself not knowing what to do when all of a sudden the stage was full of military personnel.

The high level officers and Ms Condoleezza Rice had several medals in her hand. Rose was lost and did not know what was happening. Out of the door by the stage he walks and smiling he looked at her and she had her mouth open full of surprise. He walked to be next to her and explained, "Rose, I did not want you to know that I was in the service. I asked my team to be present in this special day and Ms Rice will be awarding some medals to my team.

I want the most important people in my life see me sign my retirement from the Navy." He hugged her and gave her a kiss and all gathered there gave him a standing ovation. The team was awarded the medals, he signed his retirement papers and he saluted the officers for the last time. Ms Rice gave an excellent speech to honor the team for the excellent service to the country and all the military personnel took their seats to be witness to the most important event that day. He held her hand and began talking into the mike. "Today you will be witness about a real miracle that occurred when a man was saved from certain death." The screen started to show pictures and short videos of his team. Then he stopped the pictures and began to describe the miracle. "After leaving the service I had a very serious mental condition that so many veterans suffer and the crisis that we have in this country is how many of them commit suicide because it is mental and nobody can see it. I hated all of my team because they had someone to love and their loved ladies were there for them. It hurt really bad." His words started to take effect in all the people and tears started to roll down their faces. "I lost all sense of being a human being and I just let myself go. I became homeless and did not care about my appearance. If I was hungry I just searched in trash cans or the sidewalks. I started to hate God and did not believe in him anymore." By then it really hit everyone, especially Rose who was holding his hand very tight. Then the video showed him during a storm soaking him, but he did not care. "I started to curse God out loud and insulting him, blaming him for my condition and not having anyone to love. At that moment I made the decision to kill myself. My problem was that I had so many ways that I could do it even with my bare hands. Then God sent me an angel to save my life!" "Father, mother this is the angel that God sent me!" Rose knew immediately who he was. Her tears began rolling down her face. "She stopped by where I was sitting down and she lowered herself to my level and began to speak the most beautiful words that I have ever heard, "God loves you." Then she held my face in her so soft hands and gave me a kiss in the cheek. That very moment my healing began. She then took me by the hand and paid a room in a hotel and left a few hundred dollars so that I could take a shower, buy new clothes and something decent to eat."

One little detail that this wonderful video shows is how the rain stopped and the clouds made way for the full moon to show all of you the greatness of this beautiful woman who rescued me from my mental tomb that I was in. Her touch and kiss resurrected me!" Both set of parents were crying and ran to hug him and Rose. "Would you please let me ask this angel a very important question?" Holding hands and crying he finally asked the question.

"Rose you waited for me until I was wholesome again, I can't be alone anymore. Your most beautiful aspect about you is your Christian love. There is only one woman who I want to be the mother of my children." He reached into his pocket and kneeling down he proposed. "Rose would you be my wife for life?" When he opened the little box a small spot light focused on the ring that spread the light in all directions. She was so stunned that she could not answer looking at that beautiful ring. Finally she let out a loud "YES, I was dreaming about this for a long time." He put the ring in her finger and she hugged him very tight and they kissed for several minutes as cameras took pictures. There was happiness everywhere. Then he announced that the students will give them a concert. He and Rose would be going ahead to their new home for two hours so that she will see her home before anybody else. He finally had no reason to have any secrets for her or anyone. He explained to her that he was extremely wealthy and he was the one who had sent the lawyer to her home to make up for the money that she had given him without expecting to get it back. His future wife was not going to suffer at all. The sports car drove them to the airport and she wondered where they were going.

"My love I don't want to be stuck in traffic so we will use one of my helicopters to get ahead of the multitude." Right there she started to realize just how wealthy he was. "There is going to be a celebration to share with our loved ones our happiness at our home." The flight was short and she could not believe her future and she did not want to wake up from this amazing dream. She could not take her eyes from her beautiful engagement ring.

The mansion was over 30,000 square feet at three levels. It had just been completed and the staff was waiting for them with big signs congratulating them. All the personnel were lined up to be introduced. She met her personal secretary who was in charge of taking care of all her needs. "Rose, both of you are going to be so close, let's meet everyone and learn what they are responsible for taking care of the house." The mansion had three stories and was enormous like a middle size hotel. The gardens were immaculate with vegetation that includes trees, flowers, shrubs and freshly manicured lawns. Each room was furnished with very expensive works of art. Massive frames held original works of art that gave it a feeling you were in a museum. Every room had its own character. Rose felt lost at the size of the mansion. There were hard cover books from the greatest authors in the history of literature. She was an avid eater and recognize most of the titles and couldn't wait till she began reading them. She was like a child in the biggest toy store. It took them close to an hour to go over the whole house and he stated, "Rose, there is one more room that you have not seen yet and I do hope that you like it as much as I do." She was wondering where was their master bedroom. They walked to the top floor which was their special area. There was one of the most beautiful double doors that she had ever seen. He stood in front of the door and asked her to close her eyes. Slowly he opened the double doors and then asked her to see inside. He hands went straight to her mouth. It was so beautiful professionally decorated. All the furniture was designed by master craftsmen from around the world. Everything seemed so expensive and in great taste even if she did not have any knowledge about the work. Then she noticed that there was no television in the room. "My love the bedroom is for the couple to have conversation and make love without any distractions. Do you think that you being naked in bed with me I would be watching television?" She laughed and knew that he was wise about a relationship and she would have so much fun getting pregnant!

The limousines started arriving and the staff was instructed on how to take care of the guests, especially the honor guests. The tours of the big house started to leave everyone in awe of its beauty and the art that was created by master craftsmen. He told the group, "There is only one question that is not allowed while you are here. Never ask for the cost of anything as we do not know until it is sold which it will never be and besides very few people could afford it!" Everyone laughed and asked many questions and Rose being by his side started learning about just how special her experience here was going to be. Both sets of parents were totally surprised at his dedication to great taste and his organizational skills. Her parents were totally convinced that Rose was very fortunate indeed. They wished many children to reward him for all he had done. He was going to be a great father too.

Finally it was the time for the feast. The long tables were set up with several silverware. They were going to experience a seven course meal with some of the great bottles of champagne and wine. He had hired some of the best chefs to prepare the feast and he wanted to share his happiness with everyone. The officers called him and Rose to congratulate them and to bless their future wedding. He asked one of the Generals and Ms Rice to serve as part of the wedding. Their invitation was readily accepted. "If we are going to have one of these feast I will be there." One of them joked and everyone laughed. He was not going to be shown in front of Rose so he responded, "If you think this is great wait until you experience the one for the wedding!" Rose just hugged him and kissed him. They clapped at the happy couple. Most of the people there including Rose had never experienced such excellent cuisine prepared by great chefs. The whole event from the morning to very late at night being serenaded by several musicians finished too soon by everyone. Both fathers invited the military men and officers to stay and play cards in the cigar and bar room. They agreed and stayed up until late morning and left unable to drive themselves. The females invited Ms Rice to stay and play cards with them. Rose joined them and they had a great time having female talk about the wedding. Nobody will ever forget such special day.

12

I NEED A QUEEN FOR MY KINGDOM

There is nothing more frustrating for men than when a woman in the family is getting married. The women get together and our opinion as men is not really wanted. It is the most important day in the life of the parents and especially the daughter. Since they are old enough to think their whole existence is to meet a man that would first of all propose to them and then gather in a group to plan the wedding. Only women can plan a wedding! Just ask any father who experienced his sweet princes getting married. The list is so large that they have to delegate each detail to make it a dream wedding where the bride is the center of the universe for a few months until the culmination of the wedding. For most fathers the expense is one of the biggest in his life, but it is worth the suffering! All the women in both sides of the couple formed a formidable army with one goal in life. Both his mother and sister were very involved since she and Rose had become very close because they had many things in common.

He hired the best designers to make the women look great and more than one of the best wedding dresses designers came to see her. Her beauty inspired them in the design, the hand made details that would take several months to create and especially the measurements. He had a request that her long hair had to take front stage and they agreed that it will enhance her beauty for that very especial day that only would be once. There would be no delays or problems. All the women were so involved to make Rose look like a queen that day. The men only needed a tuxedo so they spent day after day going fishing, playing golf, going to the near casinos and so many men fun things to do without the women's famous honey does!

Both sat and went over the details that needed their mutual agreement. They wanted to get married in France in one of the world famous cathedrals. After the weeding they wold travel through Europe where he planed to purchase real estate in some of the most romantic places. He was very interested in wine and he might purchase a winery there. Still Rose did not know just how wealthy he was. But all his purchases were investments not expenses that fools do with their money. Nobody can get to be that wealthy without discipline, patience and wise advise. He always confer with experts before making any financial decision. Marrying Rose was his best decision that needed no expert advise. He only consulted his heart and he would never forget how she saved his life. Now his only concern was to make her the happiest mother of all!

The costs skyrocketed and his parents were very concerned until they found out just how wealthy he was and now he was going to take care of three families. He met with his and her parents and explained to them that they would be living in their new home with Rose and him.

They could not believe that they would be very close. The residency had three stories and her family would occupy the first level, his family will have the second story and Rose and he would have the top floor. The property had four infinity swimming pools and exercise room, and many amenities that people enjoyed.

The days, weeks and month after month passed. The dresses were completed and all the ladies loved them. Her dress was so beautiful and he only heard just how beautiful it was built but he was not allowed to see it until they were in the church. All the small and large details were taken care of and there were none forgotten or overlooked. All the travel arrangements were achieved on time so there would not be any worries about anything.

The day of the departure arrived and all the suitcases were taken to the airport ahead of the people to make sure they will go with everyone on the same flight. All the passports were renewed or issued week ahead of the trip. No detail was left unattended. It would be very hard to find a flight as happy as this one with more than one jet taking the people to France.

People aboard the plane chatted, read, watched movies and just slept until the plane landed.

Limousines picked them up and took them to their hotel to get comfortable before coming out to sight seen the beautiful city. A few hours later they went to have dinner and to rest for the activities of the day which was packed with special events.

The morning of the wedding everyone prepared themselves for the event. Everyone was dressed to impress the photographers who complimented about their behavior and their dresses and suits. The groom was in the church to wait for the ceremony to begin very nervous because he was really scared. The best man gave him courage to face his happiness with the love of his life. "Why are you scared when you should show confidence and love?" His best man asked him. He just nodded and pointed the thumb up showing that he was good.

A few minutes later which seemed like an eternity to him the people walked into the church and took seat in the pews while he was at the front of the church waiting for her. He really wanted to admire her in her extremely beautiful wedding gown. He was waiting to see her long beautiful hair decorating her with small flowers attached to the hair. It was like a cascade rolling down her beautiful body that after today would be all his to make her a mother. The organ of the church began to play "Ave Maria" and everyone stood up looking at the rear of the church where the doors were. Very slowly the doors opened and there she was standing next to her proud father. They searched each other eyes and smiled while a tear rolled down on each face caused by the love they shared for each other. His gala with military uniform just radiated and gave him an aura of power and manhood. Her wedding gala was so beautiful that everyone started to take pictures of such beautiful sight of how a woman should carry themselves. She was stunning and he did not expect such beautiful woman to be his wife. The slow walking down the aisle surrounded by admiring and loving faces. All the women admired her gown and made many comments as to how amazing she looked even is she was beautiful the dress enhanced her beauty. The closer she got to him the more nervous both were. Their attire attracted each one even more. She was a very beautiful woman who was very proud of her femininity and he projected masculinity and confidence. When she reached the altar her father placed his hand on his face and said this to him, "I am very proud of my daughter and I know that you love her as much as she loves you. Pray to God that your love will only improve now that you belong to each other." They hugged and smiled at each other.

Her father took her hand and placed it on his. Rose and him went to the center of the altar and took their chairs to begin the ceremony squeezing their hand very lovingly. Now our lives begin and husband and wife. Our bodies belong to each other. He was thinking looking at her and she was thinking the same thing.

The mass was well attended and everyone remarked on the beautiful ceremony, the church, the number of people here and how could they forget the bride and the groom who had a fantastic story of love that transcended any other wedding that they had attended of will ever be there. Nobody had ever seen a couple so much in love. She was so beautiful inside out and she deserved such a man who loved her and was very grateful for her saving his life. He would be totally dedicated to her. His fortune was not too shabby either.

After the ceremony and all the documents signed they proceeded to go through the pictures and the photographers wanted to know if they would be interested in being models for magazines. He was not interested in any of that and he was protecting his wife right out of the start. Thousands of pictures around the city were taken and some videos of the mass and the city's most famous landmarks.

Everyone was driven to a winery that he had purchased for the event and the guests would be given dinner. The tables were beautifully decorated and the menu challenged their knowledge of French. Many struggled and required assistance to read it. They were told not to read it because the meal was prepared and it would be an incredible seven course meal that would reward their taste and leave a exquisite taste in their mouths that they had never ever experienced. He wanted the very best chefs to create their best dishes for such occasion. There were many compliments about the environment in such beautiful winery and the quality of the wine produced there. Everyone would be getting a couple of cases of the best wine. The people could not get over the meal and the music played by strolling musicians. He and Rose just ignored everyone and only had eyes for each other. The guests did not take it personally and did not interrupt them. It was their very special day.

Both strolled around the garden waiting for their honey moon. He told her that there was a helicopter that would take them on their private trip to be by themselves. They called everyone and proclaimed that the couple would be taking off to begin their honey moon. Everyone cheered and wished them total happiness. His team started cracking jokes about weddings and they wished them the best experience. They asked them where they would be going. "All I can tell tell you is that it would be the most beautiful place in the world. It has to be very especial to both of us." He waved good bye and left for the helicopter. They flew a few minutes and landed in the private airport. His private jet was waiting for them. She wanted to know where they would be going and he just put his finger over her lips and kissed her very passionately. The walked into the jet and took their seats. He mentioned to her that it would be a very long trip into the South Pacific. "What? Why didn't you tell me so that I would have the right clothes." "Don't worry silly girl, I asked your mom about your measures and I sent your secretary to buy them. Men are so stupid at buying clothes for women.!" They both laughed and started to caress each other and enjoying the trip. The jet made a couple of stops for refueling to complete the trip. Finally they arrived at one of the most beautiful islands a man can experience with a loved one. It was a most romantic place to have the honey moon especially since it was almost deserted and the employees were at the other end of the island and were told not to come near and they needed total privacy and that he will call them by phone if he needed anything.

When she saw the beauty and soothing silence of the place she loved it immediately. "I never expected you, my husband to bring me here where we will begin our lives as a married couple. He picked her up gently and walked her to the small hut with very simple but good living arrangements lacking in electronic devices. He mentioned to her that he will have all his attention on her every waking moment of our trip. All that waiting for the moment finally arrived when he asked her to sit and he brought a container with water to do a very interesting ceremony where as he was washing her feet very lovingly promised her to love, care for, protect and take care of all her needs. Then he very gently started taking her clothes off and she took his off too. "Are there going to be any "Butterflies kisses?" "Oh yes, everyday my wife!" Those passionate moments they shared were so much better than they had expected. Time and time again they took advantage of their privacy to totally let go and find about each other body. Finally exhaustion overcame them and they fell asleep in each other arms. The night was so romantic and as a bride was the perfect night to be with him. She knew right there that he had been right in postponing having sex before the wedding. She felt like never before full of womanhood who would attack him at any time and he had no choice but to deliver the goods.

She now understood that God had a hand in all of this. She walked towards him and gave him a long kiss and whispered loving words and thanked him for making her life the most beautiful gift form God. He looked at her and agreed with her. He was more of a man than before having the most beautiful woman to share everything with her.

The next day he told her he had to go to the market to purchase food to eat and she wanted to go too. He laughed picking up a spear gun and diving gear to go fishing in the ocean. She smiled and patiently waited for him playing in the shore. She was like a little girl having so much fun. She felt such freedom and peace of mind knowing that she was no longer a virgin and that he was the perfect man make her a true woman. She dreamed of the next time with him. This was becoming a wonderful addiction. While in the water she had the desire to make love in the water. A few minutes later he came out carrying several animals he had speared for dinner. He noticed that she was totally naked in the water looking at him with a very wicked look in her face. He put the equipment and he walked naked to be with her to please his wife. After the pleasure was subdued they walked out of the water and dried themselves. He walked around the vegetation picking up different plants to prepare dinner.

He turned out to be a very good cook. The sea food was fresh and the vegetables created a very healthy meal and he had cut some coconuts to drink. "If this is our life I don't ever want to leave this place that made me your woman. You make so many correct choices and this place other than marrying me is the best one you have ever made for me, I love you so much my love!" He took her into his arms and kissed her looking into her eyes he said, "Rose my life is connected to you forever, you make me the happiest man in the whole wide world!"

We will spend a few days here and then I want to test the bed in our bedroom, by the way this will continue for the rest of our lives so better be ready to let go of our desires at any time."

They walked around the island that was about five miles in circumference. The vegetation was magnificent, the sound of the waves was very pleasant and the animals made it perfect place to get away from all the noise of civilization. They met the natives and his workers who complimented them on their wedding. Several of the women admired her beauty and the radiant look of a woman in love. Her long hair got the ladies attention and admiration. One of the women came close to her and touched her stomach and smiled. It was a beautiful message between two women. Rose smiled and nodded yes. She wanted to have a baby like the lady who had a couple of small children. Rose touched the head of the kids and smiled. Oh how much she wanted to be pregnant! He realized the exchange between the two women and came over to her. He held her close and mentioned that he too wanted to be a father and that she would be the only one to be the mother of his children not child. She smiled and put her face on his chest.

The trip back home was with melancholy of the wonderful honey moon that they experienced in each other arms, lips, legs and their total dedication to each other. They did not call so that they could surprise their parents. The mansion seemed more beautiful to her and now she was going to get used to this incredible place was going to be her own home and she would be the QUEEN IN HIS VAST KINGDOM! The parents were very surprised and the questions started to rain upon them. The talk lasted for hours and their families were very interested in the place they visited. Most of the questions were for her and she was very excited to share with them the beauty of the place and her experience to be his woman. She told them that she could live there for the rest of her life and she had plans to go back there for every anniversary to relive that fantastic experience. She promised to invite them so they could visit one of the most beautiful places there could be. Both parents were very happy with what had just occurred and how they would enjoy their lives from now on for the rest of their lives.

He and Rose put their bed to great use. She continued an almost daily attacks on the poor guy. He knew that it was a dirty job, but someone had to do the job and he wasn't about to hire someone to do it. Most days they came out of their bedroom with a wide smile on their faces.

Meals were great when the three families became used to it. Constantly they discussed ideas and concerns of everybody. It was a great example where honest conversation was the norm where nobody used their cell phones which were turned off. Prayer initiated every meal.

Fine wine was drank with control.

The days flew by in heaven on earth. But God blesses his children constantly. One meal everything was going as usual. All of a sudden Rose started to feel dizzy and started to throw up. He immediately looked at her and tried to assist her. She just walked away into the restroom and he followed her. Her mother followed very worried. The only person not worried at all was one older lady who served them. She smiled and raised her arms praising God and walking away very happy singing. This took everyone by surprise. Shortly she came out not feeling well. A doctor was called to examine her. A few hours and exams later the doctor came to talk to them with a smile from ear to ear. He asked for the husband and gave him the most fantastic news, "Congratulations sir, your wife is very PREGNANT and now your family is going to grow! He did not react right away until the doctor held him by the shoulders and repeated the great news. He reacted by crying and left to be with his wife. The whole family was extremely overcame with the great news.

Rose was the center of the attraction and the one who everyone looked after. He just was overcame with happiness. He loved his wife even more. He was totally controlled by her growing stomach. One night something woke him up. He was asking her if she pocked him.

She just laughed out loud, "Silly, your son is kicking your ass!" He started touching her stomach and finally he felt the movement. He started crying, "My wife, you resurrected me one day and now you are giving life to my child, I was always dreaming when I would see you kiss our bundle of joy for the first time and then I would kiss him too!"

You will never find a husband so nervous about the pregnancy. He hired the best doctors and a couple of nurses to be there 7/24 for the last three weeks. He was not going to take any risks. He even rented a full set of hospital equipment so she didn't have to travel. Their walks around the gardens followed by strolling musicians were so inspiring to everyone. He couldn't keep his hands of her belly. The feeling of seeing her belly move brought the biggest joy to his life. Now he had a great reason to do greater things in life.

Finally the day arrived. Early in the morning she told him that it was time. He jumped out of bed and tripped putting on his pants. She laughed at the scene and said, "Is this how you are going to welcome your son?" He laughed and kissed her belly and her forehead. During the delivery the impact of watching the head of his baby coming out he was not able to take it and the nurse had to assist him. When he recovered the baby was out crying and tears of joy ran on her and his face. He was asked to assist cutting the umbilical cord. She said, "Doctor my husband is too scared and he might cut your finger!" Everyone laughed. Finally she had the baby on her arms and she kissed the baby and he followed by kissing his son. The poor guy was so afraid of dropping the baby that a nurse helped him holding the baby. Rose again warned them, "Please do not let this fool give the baby a bath!" Oh the laughter on that happy room. A few minutes later the rest of the family were able to meet the baby.

The mothers started arguing about naming the baby. The very happy couple just laughed!

EPILOGUE

The new family cared very much for each other. His only job was to make Rose the happiest new bride in the world by anticipating her very needs and she reciprocated by doing things for him to make him feel like the head of the family and to be there for him at all times.

She enjoyed spending time with the other ladies and went on shopping trips constantly and had an unlimited budget, but she was very wise in her spending habits. The fathers had a great connection with each other and had many things in common. They spent time playing golf and went on many fishing trips. The whole family took many trips together and many memories were recorded in everyone's mind.

The school grew in recognition not only in the United States but in many countries who strated sending great soccer players and scholars to be developed at the highest level. Eventually other great schools started in several countries that were very interested in duplicating the success. His SEAL team helped him by opening the different schools in other countries. Also Rose started to develop the school for girls too.

He became very serious one day and Rose was very concerned about her husband like a great wife would by taking care of his concerns. He told her not to worry that he had a plan to assist the wounded soldiers who came back with mental problems and he wanted to create a place for them and find young women who would be interested in meeting a man who would in many cases recreate his own story over and over again! She jumped and hugged him telling him that she wanted to be the one recruiting the ladies to train them to help the soldiers.

The story is fiction but it can happen when people believe in God and act like Christians with love and find a great cause to fight for it.

Beso de un Ángel

JOSE LUIS VIZCARRA

EL PRELUDIO

Esta historia me inspiro por las terribles condiciones metales que muchos soldados sufren por las violentas experiencias a las que ellos fueron expuestos. Las atrocidades que ellos presenciaron, las heridas causadas por las balas, las explosiones, los gases y otras armas creadas por el hombre para destrozar a otros seres humanos. Ellos vieron a sus hermanos en armas siendo destrozados en pedazos, matados no solamente por el enemigo, pero tristemente por soldados de propio ejército por errores de guerra. Es la desgracia de la nación como los soldados heridos son abandonados por el mismo país que les hizo creer que serian apreciados por su sacrificio a nuestro país. Solamente piensa en cuantos soldados que están sufriendo heridos viviendo en la calle sin hogar y necesitan ayuda medica urgente. Demasiados de ellos han cometido suicidio porque se han vencido a vivir y demasiadas personas no les importa ese sufrimiento ajeno.

El segundo problema que la sociedad se está enfrentando es el acoso e intimidar a los alumnos en las escuelas publicas que tantas víctimas son expuestos en las escuelas publicas diariamente.

Desgraciadamente los adultos encargados de proteger a todos en las escuelas ignoran el problema hasta que ocurre un tiroteo y hay muertos y heridos por un estudiante que fue víctima de ese abuso constantemente en la escuela. Los administradores de las escuelas tratan de hacer un lado los incidentes esperando que el publico se olvide de ellos. ¿Por que es que los administradores no toman acción para prevenir esos acosos físicos y mentales? Bueno pues, si los administradores castigan a los que continuan cometiendo esos abusos son suspendidos o aun peor expulsados de la escuela el dinero estatal va disminuir basado en la asistencia diaria de todos los alumnos y entonces la escuela va a tener menos dinero. En otras palabras a ellos no les preocupa tanto la seguridad de los alumnos y solamente quieren el dinero de la asistencia de todos los alumnos.

Después de cada tiroteo fatal en las escuelas la prensa y los liberales inmediatamente usan eso horribles casos para culpar a las armas y gritar que debemos quitarles todas las armas a los ciudadanos que legalmente las compraron y no han cometido tales crímenes. Ningún criminal obtiene un arma legalmente. Los ciudadanos las tienen para proteger a sus familias. La prensa no le interesa cubrir un incidente donde el ciudadano mató a un criminal que se metió a su casa para protegerse y proteger a su familia. Cuando una persona compra un arma todos en esa case deben pasar por un examen sicologico, revisar su historial criminal y asistir a un entrenamiento para familiarizarse con el arma para evitar accidentes. Es sentido común que cuando un criminal se da cuenta que en esa casa tienen armas la va a evitar. Se deben tener armas en diferentes partes de la casa. Demasiadas victimas hubieran salvado sus vidas si tendrían un arma y suficiente entrenamiento para matar al criminal. ¡La mejor posición de una persona enfrentándose a un criminal armado es detrás del arma y el criminal enfrente del arma que está disparando varia balas al cuerpo del criminal!

Una de las necesidades más importantes para un ser humano es de amar a alguien y ser amado también. Muchos soldados regresan porque tienen tienen un motivo muy importante para regresar con vida a sus familias, especialmente si hay chicos de por medio. El poder del amor es el bien mas importante que un hombre manifiesta con hechos y palabras. La familia es el motivo más importante para que una persona triunfe en cualquier sociedad. Cuando hay amor en la familia es la fuerza más poderosa. No existe un ejército que pueda derrotar a un país cuando las familias están unidas con amor y respeto.

America es el país más grande que fue creado. Desgraciadamente no existe la educación financiera en el sistema de las escuelas publicas y en la mayoría de colegios y universidades.

Les laban el cerebro a la mayoría de los estudiantes como a los soldados y caen víctimas de su propia educación que no los prepara para tener éxito económico en este país donde las dos únicas posiciones para tener verdadero éxito económico son dueños de negocios e inversiones. Esas dos posiciones no requieren educación de colegio el cual solo los prepara para ser buenos empleados. La gente muy rica solo ocupan empleados que saben más que ellos para que les generen más entradas de dinero, ellos invierten dinero para que el dinero les produzca más dinero y tienen amistades muy ricos también que les aconsejan como aumentar su riqueza. Cuando los ricos mueren una gran fortuna es transferida a los herederos que fueron muy bien preparados para continuar administrando la fortuna. ¡No te equivoques! Una educación es muy importante. La pregunta es, Que tipo de educación estás recibiendo por todos esos años y los cintos de miles de dólares en deuda que ahora tienes que pagarle al banco con intereses. ¡De todos los alumnos que se gradúan de la preparatoria solamente como el cinco por ciento están preparados verdaderamente para asistir a un colegio y el problema es que cuando se reciben titulados del colegio solamente el nueve por cuanto encuentran trabajo en su especialidad, la triste realidad que el resto trabajan en salario mínimo!

1

EL BESO

La noche estaba fría y la lluvia aumentaba la incomodidad de cualquier persona que estuviera afuera entonces. Las gotas de lluvia continuaban cayendo durante horas que la tormenta tenia una mente propia de cubrir la tierra con cuanta agua fuera posible. El agua es sumamente importante para la sobrevivencia de cualquier sociedad civilizada. Mucha gente se molestan por la constante lluvia olvidándose de que no puede haber vida sin agua. Ellos solo se preocupan por la inconveniencia que la tormenta les trae.

El indigente era un foto perfecta de un hombre que vive en la calle sin preocuparse con su triste apariencia. Su ropa totalmente empapada, extremadamente sucio, la ropa rota y fria. Su cabello muy largo sin higiene personal que no había tendido un baño en demasiados meses despues de haber terminado su servicio militatar super preparado como entrenador de los NAVY SEALS los comandos más preparados para misiones super peligrosas como oficial. En ese momento el entrenamiento que lo preparo en el ejercito para sobrevivir cualquier condición extrema que la mayoría de personas jamás podrían sobrevivir. Su ropa totalmente empapada, y rota en muchos lugares, sus botas de combate demostraban que una vez fueron botas e combate que funcionaban bien. Su bolsa militar que el cargaba tenia unas cuantas pertenecías que estaban perdiendo su valor para él. En ese momento el deseo de continuar viviendo lo abandono. Su deseo para continuar luchado contra los elementos de la naturaleza ya no estaba con él. Su mente empezó a recordar todo el entrenamiento y servicio militar que él cumplió. Él progresó a través de los rangos por sus abilidades de liderazgo para guiar a sus solda- dos bajo su cargo. Él era el ejemplo perfecto de como debe de ser un gran líder militar. Su dedicación a sus soldados no tenia igual y sus hombres lo querían y lo respetaban porque él los entrenaba al nivel mas alto para que se cumplieran las misiones con éxito, pero también muy importante que todos regresaran sanos a sus familias. Su grupo SEALs tenia la fama de nunca matar al enemigo, pero los incapacitaban para que esos jamás podían regresar al combate. Su filosofía era nunca matar al enemigo porque un cadaver no le cuesta mucho a sus lideres enterarlo, pero un soldado lastimado es muy caro para sus lideres. Lo que a él le gustaba ver esos pobres enemigos regresar a sus casas para que sus familias los atiendan hasta que mueran. En otras palabras esos pobres enemigos ya están fuera de combate para siempre.

Su entrenamiento era tan bien planeado que siempre las misiones tenían éxito. Todas las misiones ponían a sus hombres en situaciones no tan solo para completar la misión con éxito, pero lo más importante para él era la seguridad de sus hombres. Todos ellos le tenían confianza a sus decisiones y no había misiones peligrosas para ellos. La misión más simple sin el pla- neamiento adecuado es la misión más peligrosa. Ese el motivo por el cual tantos soldados mueren en acción. El liderasgo peor es más peligroso que los ataques del enemigo.

Su mente estaba cargada de ira y depresión. ¡Él comenzó a insul- tar en voz alta a Dios! Él le echaba la culpa a Dios por su situación actual mental desafortunada por su condición severa de el trastorno por estrés postraumático de la guerra que tantos soldados regresan a casa y nesecitan ayuda scicologica inmediata. Es una situación vergonzosa ver a cuantos grandes hombres están cometiendo suicidios. Él tenia envidia de todos sus hombres que regresaban a sus casas con sus familias y muchos tenían esposas que los esperaron fielmente. Algunas de ellas tendrían sus bebes y las otras eventualmente llegarían a la maternidad. Su soledad aumentó su condición. Su voz alta viajaba a una distancia larga y el silencio en la obscuiridad agregaba a su penar. Sus palabras llenas de odio se convirtieron en un susurro porque comenzó a perder la fuerza para gritar. Sus ojos llenos de dolor y desesperación empezaron a mezclarse con las gotas de lluvia y cubrieron su rostro. Él casi no tenía nada de fuerza aún para levantar el rostro y mirar al cielo para seguir insultando a Dios. El tiempo pareció detenerse por un tiempo muy largo. Su fe cristiana había desaparecido de su espíritu. Él se había dado por vencido en cuidar su higiene personal y su condición empezó a deteriorarse lentamente. Él llego a la conclusión de parar todo su sufrimiento cometiendo suicidio. Su entrenamiento de NAVY SEAL comando lo había convertido en una maquina de matar perfecta aún con sus manos vacías. Aún cuando el tenia todo ese entrenamiento mortal él nunca lo había usado en ningún enemigo. Él solo lo usaba para incapacitar totalmente al enemigo. Su lema era, "¡Aún un completo idiota puede matar o destruir, pero los grandes hombres curan, arreglan o crean soluciones!" Su mente empezó a planear su propia destruccion. La última decisión que una persona toma es la más difícil de tomar. Él no era una excepción. Él no podía decidir en el método porque tenía tantas opciones.

El no nesecitaba un arma, cualquier droga para hacer el trabajo.

La música mantenía a la fiesta alegre y agradable. Muchas personas jóvenes no les importaba la tormenta porque ellos estaban secos y cómodos dentro del lugar. Rose y sus colegas de la escuela donde trabajaban y eran muy populares en el club que ellas asistían frecuentemente y habían formado una familia de fiestas. Ellas eran inseparables cuando iban a las tiendas, deportes, viajes y fiestas siempre juntas. Rose era una socióloga en la escuela. Su belleza era espectacular. Su cuerpo estaba formado como si un maestro escultor lo hubiese creado. Ella era muy cuidadosa de su bienestar físico porque ella estaba consiente que uno es responsable de su. Propio bienestar. Su cabello largo caía hasta sus tobillos y cuando caminaba todo su cuerpo flotaba como un concierto muy sensual como su madre la había enseñado. Algo muy peculiar hacer a de ella era como sus amigas les encantaba comprar ropa muy cara de nombre porque querían competir con Rose por el motivo de lo que ella se vestía solo sobresalía su belleza y ella no compraba ropa de marca cara. Ella invertía su tiempo buscando ropa cuidadosamente en tiendas de descuento. Lo que ella escogía siempre era un éxito. Tenía un talento muy especial para seleccionar la ropa apropiada para cualquier ocasión. Sus amigas la envidiaban porque ella era la dama mejor vestida en el grupo sin gastar tanto dinero. Muchos hombres se detenían para admirar la belleza sensual que ella radiaba. Su madre sabía que una mujer tenia que ser muy femenina y la ultima meta era atraer a un hombre para que se casara con ella. Rose se oponía a su madre, pero en su mente femenina ella sabía que su madre tenía la razón. Su propia madre había atraído a un gran marido por su pelo largo y su sensual caminar. ¡El pobre tonto cayó redondito! ¡A él lo conquistaron a primera vista! La belleza de Rose era perfecta. Lo que la hacía aún mas hermosa era su corazón tan amable. Su voz y manierismos atraían a muchos a su amistad. Un aspecto de ella que la separaba del resto de su grupo era que ella nunca usaba cosméticos. Ella estaba consciente que su belleza natural sería cubierta por químicos artificiales.

Ella creía en encontrar a un hombre con quien se casara y él creía en el concepto de "¡Hasta que la muerte nos separe!" Tantos querían estar con ella y tener una relación sin compromiso. Ella ya estaba cansada de encontrar a ese hombre especial. ¡Dios es el Cupido ideal!

El joven entró en la oficina de reclutamiento militar acompañado de su madre muy orgullosa.

Unas horas mas tarde el joven brillaba de orgullo porque había firmado para ser parte de la fuerza naval de los Estados Unidos (NAVY), su sueño en su corta vida. Su padre lo abrazó con mucho orgullo y para celebrar su decisión sabía le abrió una cuanta de inversiones en compañías pequeñas que requerían capital para comenzar. Tres de esas pequeñas compañías eran Apple, Microsoft y Amazon. Su padre había empezado a invertir desde muy joven y su paciencia y disciplina le habían pagado muchos dividendos. Su padre le dió un buen consejo de invertir la mayoría de su salario para el futuro ni siquiera se daban cuenta de lo que el futuro les esperaba.

El entrenamiento de la fuerza naval fue muy duro porque todos tenían que aprender como funcionar como una maquina muy bien aceitada que funciona perfectamente todo el tiempo, porque vidas dependen de la experiencia y disciplina. Él aprendió cada lección tan bien que sus superiores no podían ignorar sus destrezas de liderazgo y todo mundo le reconocía sus talentos para dirigir a hombres. Él no estaba satisfecho con ser promovido de rango y servir a su país. Su entrenamiento fue el más duro y más avanzado de la fuerza naval SEALS la cual solo muy pocos de los mejores soldados podían completar ese entrenamiento tan difícil físicamente pero aún más la parte mental para poder tolerar las condiciones más dolorosas y torturas mentales en caso de ser capturados. El entrenamiento fue diseñado para poder completar las misiones más difíciles a pesar de las condiciones de combate. ¡Sus destrezas sobrepasaban todo el entrenamiento al nivel más alto hasta que fue asignado como entrenador de los NAVY SEALS!

Ahora él estaba a cargo de entrenar a otros NAVY SEALS y desarrollar los más competentes unidades en el mundo. Cuando la nación se involucró en los problemas de otros países alrededor del mundo él fue asignado misiones que solo él y su equipo podían completar con éxito. Misión tras misión con éxito recibió reconocimiento de sus superiores militares al nivel más alto y logró recibir promociones en campo de batalla (es la promoción que se recibe de liderazgo y respeto de todos los militares) empezaron a llegarle igual que a todos en su grupo que él también promovió a su grupo de rango y él les hizo saber que no era una promoción de él pero era de todo el equipo y no de individuos. Años en zona de guerra comenzaron a afectarles a todos en su equipo después de todas las atrocidades que presenciaron. Tantas personas que murieron o fueron lastimadas severamente. Todos en su equipo tenían seres queridos esperándolos. ¡Él empezó a realizar que era soltero y que nunca se había enamorado! Él comenzó a planear salir de la fuerza naval SEALS que él había servido con pasión y excelencia.

Ahora era el momento de pensar en su futuro al cual él nunca lo había hecho. ¡Solo se puede detener la respiración por tanto tiempo! Todo ser humano tiene la fuerte necesidad de amar a alguien y ser amado para formar una familia. Él hablo son su equipo y todos estuvieron de acuerdo con él de que era tiempo de encontrar a su pareja si no tenían una. Todos ellos hablaron de continuar con el equipo y crear su propio negocio utilizando las destrezas que eran muy preparados porque había mucha demanda para sus servicios.

Finalmente ese día llego y todos recibieron muchas decoraciones, premios y bonos. Uno de los consejos que él les había dado cuando empezaron era de invertir la mayoría de su salario porque no iban a necesitar dinero. Todos estuvieron muy sorprendidos con el valor de sus inversiones y ahora podían vivir una vida de casi riqueza por sus dinero de su retiro además de sus inversiones y también no tenían ninguna deuda ellos eran independientes financieros por la mayor parte.

Rose y sus amigas tenían una noche fantástica como de costumbre. De repente Rose tubo la necesidad espontánea de dejar la fiesta y salir de ahí. Todas sus amigas se sorprendieron de su decisión tan de repente de salir, pero como ya lo conocían y sabían que ya su decision estaba hecha. Un par de sus amigas salieron con ella para protegerla y con sombrilla para protegerse de la lluvia intermitente. Ellas comenzaron a reírse y a quejarse de sus zapatos mojados. Ellas continuaron cantando y riéndose sin una preocupación en el mundo. Sus autos estaban estacionados a una cuadra del club y tenían que pasar presida mente por donde él estaba sentado en una banca del parque. Sus amigas ignoraron esa figura y siguieron caminado excepto Rose que lo vio y de pronto sintió la necesidad de acercarse a esa triste figura. Ella caminó hacía ese hombre sin preocuparse que se estaba mojando y sus amigas no realizaron sus intenciones. Ella se paró enfrente del hombre y observo la situación desesperada que él estaba sufriendo y ella decidió hablarle para saber que necesitaba. Él solo pudo levantar la cabeza muy poco y ni siquiera podia pronunciar una palabra y solo sonidos muy leves salieron de su boca. Rose inmediatamente se dio cuenta de la pobre situación en que él estaba. Sus amigas la vieron con esa pobre figura sentada ahi y se acercaron a ella para asegurarse que ella estaba bien. Sus amigas estaban totalmente sorprendidas con esa actitud no muy sana y trataron de convencerla de dejar a ese hombre en paz y se empezaron a reírse de él. Rose solo les hecho una mirada muy fuerte y no les contestó. Sus amigas continuaron implorándole que dejara a ese hombre en paz, pero ella se rehusó y lo iba a ayudar de algún modo. Sus amigas se quedaron para brindarle protección pero no le iban a ayudar. Ambas se quedarían sorprendidas de lo que ella iba a hacer.

Rose se arrodillo para poder ver su cara cubierta de pelo largo, muy sucio, descuidado y totalmente empapado de lluvia. A Rose se le salieron dos lagrimas que rodaron por su rostro cuando vio el dolor reflejado en los ojos de él. ¡Su rostro se acerco a él y le susurro al oído que Dios lo amaba y tenia un futuro para él de alguna forma.¡ ¡Entonces el evento más hermoso ocurrió! ¡Ella tomó su rostro entre sus suaves manos y le dio un beso en la mejilla! ¡Ese momento mágico comenzó su saneamiento y ya dejo de pensar en suicidio! Él inmediatamente realizó que Dios había mandado un angel muy bello para ayudarlo y que el amor de Dios es incondicional y que iba a sanar. En ese momento el se dio cuenta que su esposa estaba en frente de él. Algo mágico ocurrió, la lluvia paró y el cielo se aclaro y dejó a la luna que iluminara la obscuridad. Lágrimas de felicidad rodaron por su rostro sucio cuando realizó que milagros ocurren si tenemos fe. Ella se levanto y extendió su suave mano para que él se pusiera de pie.

¡Sus amigas no podían creer lo que Rose había hecho! Rose las ignoró totalmente y solamente caminó con él a un motel que estaba al final del parque. "¿Mira nomas a Rose, ella va a tener sexo con eso?" Ellas continuaron insultandola. Ella entró con él a la oficina del motel y lo registró por todo un mes y también pagó por sus comidas. Ella puso cientos de dólares en su bolsa para que comprara ropa nueva que él necesitaba desesperadamente. Sus amigas esperaron afuera del motel sin poder decir una palabra. ¡Ellas acababan de ser cacheteadas por su fe cristiana¡ Ella salió de la oficina brillando de felicidad porque nunca se había sentido esa experiencia tan hermosa. Entonces sus amigas comprendieron lo grande que ella era. Él se sentó en una cama limpia. Habían pasado muchos meses desde que él había estado protegido de los elementos. Se puso se pie y caminó lentamente al baño donde una ducha limpia le ayudaría a recuperar su humanidad. Él perdió el tiempo en la regadera donde lloro mucho, oró y le pidió perdón a Dios por los insultos que él le había mandado a Dios. Se dio cuenta que su espíritu estaba sanando. Cuando salió del baño vio su reflejo en el espejo y se arrodilló para orar y pedirle perdón a Dios. "¿Señor por qué me mandaste a un angel hermoso para rescatarme un poco antes de que yo me quitara mi vida?" Él se dio cuenta del milagro que acababa de ocurrir. Él decidió comunicarse con sus padres y avisarles donde estaba. Lavo su ropa sucia que iba a usar por última vez para ir a comprar ropa y zapatos nuevos para usar. Después pasó al peluquero para que lo terminara de limpiar. Entonces él notó un sentimiento muy hermoso que nunca había experimentado, pero era muy extraño y peligroso para él que no lo podía controlar.

Él fue entrenado a no tener sentimientos que podían causar la muerte a sus hombres o seres queridos en un campo de guerra. Varios de sus amigos de esa area y especialmente un hermosa joven que fue su amiga y empezó a sentir amor por ella fueron asesinados por su relación con ellos y la cercanía emocional con ella.

Entonces le pegó. Su misión en la vida de hoy en adelante era encontrar a ese angel tan hermosa y casarse con ella. ¡Ninguna otra mujer iba a ser la madre de sus hijos, solo había una!

Sus padres llegaron dos días después y lagrimas de felicidad fueron experimentadas por todos.

Antes de dejar el motel averiguó quien era ese hermoso angel que le salvo la vida. Él decidió poner a otro veterano que vivía en la calle en su cuarto, pero le pago todo un año de estancia. Sus padres no podían entender sus acciones pero él les pidió que no preguntaran acerca de sus motivos. "Un día yo les haré saber acerca de un secreto muy hermoso a su debido tiempo."

Todos muy felices regresaron a su casa donde fue cubierto de amor y afecto. Él no estaba agusto ahi porque tenia una misión que completar. Un par de meses después el notificó a su familia que iba a regresar al pueblo pero ellos no entendían su urgencia de regresar al mismo pueblo. De todos modos ellos respetaron su decisión y él regresó dejándolos desconcertados con su comportamiento. ¡Ese simple beso desató una serie de eventos que solo el Todo Poderoso puede planear!

2

BUSCANDO AL ÁNGEL

Él llegó al pueblo y comenzó a buscar un apartamento pequeño para vivir temporalmente. Él era sumamente rico y podía vivir en cualquier lugar, pero él tenia una estrategia para buscarla como cuando él buscaba al enemigo en sus misiones de éxito. En cuanto se instaló cómodamente en un apartamento decente él comenzó a aprender de las atracciones y negocios del pueblo. Todos los días él exploró el pueblo y empezó a hacer conocidos. A él especialmente le encantaba el lugar del café. Él comenzó a frecuentarlo y la gente se acostumbró a verlo leyendo libros o escribiendo. En cierta ocasión el vio una tienda de deportes y entró para ver lo que tenían. Una pelota de soccer le llamo la atención. ¡De joven era un buen jugador y ahora se enfrentaba a uno de sus amores, el soccer! Él compró la pelota, zapatos, ropa, y otras cosas para practicar ese hermoso deporte. Él comenzó a practicar solo en el parque diariamente. Sus habilidades le empezaron a regresar y el deseaba ser parte de un equipo.

Una tarde mientras él estaba practicado en el parque un grupo pequeño de jóvenes se sorprendieron al ver su habilidades de dominar el balón. Lentamente se acercaron y se sentaron para admirar sus habilidades. Se dio cuenta del interés de los chicos, cuando vio sus rostros interesados paró su practica y se acercó a los muchachos. Ellos se levantaron y empezaron a alejarse pensando que él estaba molesto con ellos. Él sonrió y los paró. "¿Hola chicos por que se van?" Ellos se sorprendieron paro al mismo tiempo estaban contentos que él no estaba molesto. Él empezó su conversación acerca de soccer y pronto se convirtieron en amigos. Él los invitó a un helado y a conversar del deporte. Ellos estaban muy entusiasmados con él y su conversación, de ese gran hombre. Unos días después empezaron a jugar soccer en el parque muy frecuentemente y también empezaron a traer sus textos de la escuela. Él realizó que esos chicos no solo estaban interesados en ese deporte pero también en sus estudios. No mucho después de su primer encuentro los padres con preocupación y curiosidad vinieron a conocerlo.

Ellos le dijeron que sus hijos estaban más felices también más interesados en la educación. "¿Por qué usted con sólo unos días de conocerlos y ellos están más entusiasmados y están teniendo más éxito en sus estudios?" Él les respondió, "Tal vez porque a mí ellos si me interesan." Su respuesta los sorprendió totalmente porque él tenía la razón. No solo conoció a los padres pero también los impresionó. Él continuó participando con ellos y los motivó a amar la educación no las calificaciones.

Los chicos le mencionaron como a la mayoría de los maestros no les preocupaban, no había amor, respeto y el abuso físico y mental diario. "¿Qué, no lo reportan a los maestros y a la administración?" Los chicos le dijeron que lo habían hecho pero que fueron ignorados por todos en la escuela. Los que habían cometido los actos de abuso físico y mental eran los jugadores de fútbol americano. Desde que estaban invictos toda la facultad y la administración los protegía de ser suspendidos o expulsados de la escuela y nadie podía suspenderlos y menos reportarlos. Él comprendió que ahora tenía un nuevo propósito para estar en ese pueblo. Su entrenamiento fue excelente en el militar para tratar con bullies en otras parte del mundo y ahora iba a tratar con los bullies chiquitos que no tenían defensa contra él. Su ataque iba a comenzar solo. Su entrenamiento sería mucho más que el soccer. Ahora él enseñaría a sus chicos acerca de la vida y como protegerse de los bullies.

Su primer paso en su plan era estudiar al enemigo. La mejor forma era de pertenecer en la escuela en cualquier capacidad. Él visitó al director de la escuela y se dio de voluntario para el equipo de soccer de los muchachos. El director se burló de la idea de diciéndole que esta escuela era para futbol americano y soccer no estaba permitido. Además el entrenador de futbol de la escuela vetaría la idea. Su campo de futbol americano era exclusivamente para su equipo. Él empezó a conocer a su enemigo. Entonces él tubo la idea de formar un equipo y practicarían en el parque sin usar el campo de la escuela. Se puso de pie dandole las gracias al director y extendió su mano para despedirse la cual fue ignorada por el director. Ahora él sabía como atacar a ese enemigo que ni siquiera se iban a dar cuenta como les iba a pegar donde les iba a doler más. Desde que él contaba con el capital y los contactos internacionales iba a formar su propia escuela privada y a sacar a los mejores estudiantes de esa escuela. Solo de pensar en esos muchachos le dio el motivo y la pasión para regresar a la guerra y ahora iba a pelear contra el enemigo americano.

Una mañana él fue a tomar su acostumbrada tasa de cafe en la cafetería que él visitaba frecuentemente leyendo un libro útil y a tomar nota de algunas ideas. Cuando él estaba haciendo línea para ordenar su taza de café Rose entró para ordenar café también con toda su belleza que lo sorprendió y tubo miedo. Ella notó su asombro, miedo y le sonrió. Los ojos de ambos se miraron y la atracción de los dos tomó un fuerte efecto en ambos. Él no pudo pronunciar una palabra y ella comprendió que al verla le había afectado muy fuerte al él. Ella le sonrió ligeramente y le dijo, "¡Fantástica mañana desconocido! ¿Por qué me tienes miedo, yo no te voy a lastimar?" Él sonrió y le dijo, "¡Que ángel tan hermoso me está hablando!" ¡Ella sonrió con su piropo y se presentó a él, un desconocido tan guapo! Él le pidió que se formara en frente de él y que le iba a invitar su café. Tuvieron una pequeña charla y conoció acerca de ella. Ahora su plan tenia más información. Eventualmente estaban destinados a ser pareja. Nunca olvidarían ese encuentro tan agradable.

3

LA CONECCION DEL SOCCER

Su misión tenía una base muy fuerte para rescatar a unos grandes chicos del abuso físico, mental y las clases académicas muy pésimas usando soccer como el arma más poderosa para combatir la ignorancia del departe más popular en el mundo. La escuela privada tendría la mejor facultad en el mundo y construiría un gran estadio de soccer que sería el orgullo de ese pueblo. Tubo una reunión con los padres y los chicos en una de las residencias. La mayoría de los padres no estaban conscientes del abuso físico y mental que los muchachos habían soportado por tanto tiempo. Todos le dieron una ovación y los alumnos brincaron de gusto. ¡Él era el gran maestro! Les pidió que tomaran asiento y tenían que dar un 100% compromiso para ser aceptados en la escuela. Primero que todo lo académico era una prioridad y el tiempo para estudiar y así eliminar toda perdida de tiempo. Los alumnos tenían que completar todas las tareas, pasar todos los exámenes con 95%, estudiar en grupo seis días a la semana y tendrán un consejero porque el programa internacional era muy pesado mentalmente. Todos aprenderían otros idiomas y estudiarían diferentes religiones para poder tratar con otras nacionalidades. Él les aconsejó a todos en el grupo que tenían estar preparados para cometerse a un infierno mental por los próximos cuatro años. La recompensa sería que tendrían la preparación académica para que les pagaran su educación en cualquier parte del mundo. Los padres se sonrieron y le dieron golpes entre manos en alto para saludarlo. Nunca nadie les había presentado tal programa de educación a ellos. Los chicos estaban muy nerviosos. Solamente apuntó a su corazón y a su cabeza. "¿Quieren ser campeones en el deporte y los estudios o ser un mediocre, un cualquiera o un don nadie por el resto de sus vidas?" El muchacho líder del grupo con lagrimas en sus ojos se puso de pie lo abrazó y le dio un beso en la mejilla. El chico estaba tan emocionado que no podía hablar. Él abrazó al chico con amor y los padres derramaron lagrimas también. Ese fue el primer alumno que se comprometió. ¡Todos los padres de familia y los 19 chicos eran su primera clase! Él les pidió a los padres y a los muchachos que no le dijeran a nadie de esto porque es un hecho que la facultad pelearía con ellos para tratar legalmente de mantenerlos en la escuela. Comprendía que esos chicos eran los que tenían las calificaciones más altas en la escuela y iban a tener un pleito legal. Sus conexiones eran las mentes legales más prestigiosas en el país y harían pedazos a la administración de la escuela en corte.

Se comunicó con la compañía constructora para empezar la construcción de su sueño dorado, pero mientras tendrían aulas temporales mientras se construía la escuela. El proceso para construir el estadio era más complicado pero no imposible. No existe un imposible cuando uno tiene el capital necesario y la mejor compañía constructora del mundo. ¡Tomaría un par de años para terminar de construir todo y eso le daría tiempo suficiente para preparar al mejor equipo de soccer en el país si no en el mundo entero! Las practicas comenzaron diariamente de las cinco de la mañana hasta las siete y después se regresaban a casa para después asistir a sus clases en la escuela. Sus practicas de soccer eran de las cuatro de la tarde hasta las siete para después ir a casa para tomar su ducha, cenar, estudiar varias horas y descansar para poder levantarse temprano el próximo día. Su enfoque era en prepáralos físicamente para que pudieran con el entrenamiento muy duro y así estar preparado para rendir en el campo al nivel más alto. El equipo empezó a aprender lentamente hasta que sintió que estaban preparados para entrar a una liga de fútbol en el area. Se dio cuenta que en esa área existían muy pocos equipos y la competencia no les daba la practica que necesitaban. Preguntó y buscó por competencia más fuerte por la cual tenían que viajar varias horas para jugar. La otra manera sería ponerlos en una liga de jugadores con más edad y experiencia para que el equipo tuviera mejores practicas. Pero aún así su equipo logró superarse a un nivel más alto. Otros entrenadores los felicitaban y le pedían que si les permitían practicar con los otros equipos para ayudarlos a mejorar también. Fue una buena idea y los equipos mejoraron a un nivel más alto. Su popularidad creció y los reporteros de los periódicos comenzaron a asistir a los juegos y practicas. En la escuela el coach del equipo de fútbol americano notó que ese equipo de soccer tenía mejor cobertura que su equipo que iba a jugar por el campeonato nacional en dos meses. El coach muy molesto se reunió con el director de la escuela para deshacer a ese equipo de soccer. ¡Ellos le iban a demostrar a ese creído quién era el jefe en ese pueblo! "Nosotros cancelaremos cada juego que ellos programaron y mandamos a la policía para arrestar a cualquiera que estuviera en ese juego." Los maestros empezaron a discutir esa decisión y algunos estaban en contra de ella. Uno de los maestros hablo con su clase de esa decisión. Para la desgracia del coach de la escuela dos de sus chicos del equipo de soccer estaban en esa clase. Ambos corrieron para avisarle del plan de parar todos los juegos y la policía arrestarían a los que estuvieran en el juego. Él solamente les sonrió y les pregunto, "¿Están listos para ver unas patadas en el trasero?" Ellos estaban sorprendidos que él no tenía miedo. Les dio las gracias y les dio que tenía que prepararse para el siguiente juego. Él hizo unas llamadas a sus abogados y a las conexiones militares que tenía.

¡Desgraciadamente es un problema mayor para los idiotas que no entienden la ley! Su equipo tenía que viajar fuera del estado para jugar. Los chicos notaron que el estadio estaba casi lleno de personal militar. Ellos nunca habían jugado delate de tanta gente. Todos estaban felices. Ambos equipos empezaron a hacer ejercicios de calentamiento y a saludarse. Cuando el árbitro cargó el balón al centro del campo para comenzar el juego y dar las instrucciones a los dos capitanes. !En cuanto el árbitro pitó el silbato para comenzar el juego algunos oficiales de la policía del pueblo lo arrestaron y le pusieron las esposas en las manos!

Todo el personal militar estaban conscientes de lo que iba suceder. Varios agentes federales del FBI rodearon a los pobres policías y los arrestaron. Le removieron las esposas de sus manos y él sonrió. Él grito, "¿Están listos para ver un muy serio pateado de trasero militar?" Todos en el estadio gritaron, "¡Si!" Él tomó el micrófono y les dijo que la administración de la escuela había planeado todo. Su mendiga ignorancia ignoraron que este no es su estado y que estaban violando leyes federales y haciendo todo ilegalmente. Esos agentes de policía estaban cometiendo una felonia y estaban a punto de perder sus trabajos y tal vez ir a la cárcel. Todos en el estadio exploto en gritos y saludos. Los policías se disculparon y pidieron disculpas pero los agentes federales tenían qué cumplir con la ley. Él les dio las gracias e ellos lo felicitaron por trabajar con esos grandes chicos. Los invitó a venir a ver uno de sus juegos y ellos lo aceptaron my contentos. Él les dijo a los muchachos que él tenia muchas conexiones en lugares muy importantes que los ayudaban. Los chicos acababan de aprender una lección muy importante en la ley. Él no tenía lástima por lo que iba a suceder en la escuela muy pronto. ¡Él haría arreglos para estar en la escuela con su equipo y los padres! ¡Su plan era de estar en la escuela el próximo lunes a primera hora, esperar al director de la escuela en su oficina y ver como el excremento humano le pega a un abanico eléctrico! El equipo jugó su mejor juego y las personas en el estadio fueron testigos de un gran equipo de soccer estaba naciendo. Tomaron refrescos y platicaron con los miembros militares que los vieron jugar. ¡Los chicos jamás se hubieran imaginado ser parte de algo tan maravilloso! Su visión se empezó a volver realidad en frente de sus ojos. Ahora que esta fase se había convertido en realidad empezó a pensar en su objetivo principal de reunirse con Rose y empezar su plan para conquistar su miedo más grande, perderla para siempre!

4

BULLYING

La alarma del despertador sonó y el chico temía levantarse. Él sabía lo que le iba a pasar en la escuela. Iba a ser abusado físicamente por los miembros del equipo de futbol americano en la escuela y nadie iba a acer nada acerca de eso. Todo el pueblo adoraba al exitoso equipo de fútbol de la escuela que traía reconocimiento positivo y muchos negocios mejores ventas cada vez que el equipo jugaba el cual estaba invicto y catalogado muy alto nacionalmente. Todos estaban esperando cuando en dos meses ellos tenían posibilidades de jugar por el campeonato nacional. Ese coach les había inculcado es sus jugadores el poder para controlar a otros a través de la violencia física para intimidarlos. Era una práctica muy común antes ser muy violento físicamente antes de cada juego. Él quería que su equipo metieran miedo en los ojos de sus víctimas. Quería que ellos diariamente molestaran con violencia a los otros para sujetarlos a hacer lo que se les antojaba. Pasaron los días y la violencia continúo sin que la pararan. Cuando algún maestro reportaba el abuso el director se encargaba del caso. Lo que hacía era llamar a esos jugadores a su oficina. Ese maestro creyó que serian castigados. ¡Qué tan equivocado estaba! Lo único que ese director hacía era platicar acerca del juego y de las jugadas que estaban practicando. Cuando los jugadores dejaban su oficina el director les gritaba que pararan de seguir usando la violencia física en otros estudiantes. Él tenía el control de los problemas del equipo. El director se había echado a su bolsa a los maestros. Él tenía el apoyo de los maestros y él protegía a los jugadores de fútbol americano, especialmente al coach que era considerado un dios en esa escuela. El futbol era lo único que a ellos les importaba. Ganar a cualquier costo era lo único que verdaderamente importaba en esa escuela. Las calificaciones se manipulaban y los jugadores de fútbol tenían los grados más elevados. Ninguno de de los jugadores de fútbol eran reprobados sin importar su esfuerzo académico. Esta situación estaba totalmente fuera de control. A los estudiantes que verdaderamente estudiaban muy duro nunca les dieron las calificaciones que merecían. La apatía de estudiar se formó en todos los salones de clase.

El chico constantemente les pedía a sus padres que lo cambiaran de escuela y la respuesta de los padres siempre era la misma, "Escucha, esta es la mejor escuela en el area. Todos aquí están muy orgullosos de la reputación de la escuela. ¿Por qué te vamos a poner en una escuela inferior?" Ellos ignoraban lo que verdaderamente estaba pasando en esa escuela. El muchacho comprendió que no iba a ganar la discusión y tenía que aguantarse hasta que terminara la preparatoria. Él pensó en el suicidio, salirse de la casa pero ira a vivir a la casa de algún pariente podría ser su mejor solución. Se sintió atorado en esta situación horrible. Él era uno de los mejores estudiantes en la escuela y la odiaba. Todos sus amigos eran también de los mejores alumnos en la escuela y estaban de acuerdo con él que era imposible tener éxito en esa situación, pero desgraciadamente ninguno tenía una respuesta a sus problemas. La situación solamente empeoraba. Alguno de ellos empeoraron a odiar a la escuela y sus calificaciones comenzaron a sufrir. Hablaron entre ellos mismos pero nadie tenía la solución a sus problemas.

Ese día tan eventual lo vieron en el parque haciendo trucos con la pelota de fútbol soccer. Su dominio de la pelota los tenía muy asombrados porque nunca habían visto a nadie hacer lo que él hacía con la pelota. Él demostraba control total y pasión por lo que estaba haciendo. Se acercaron más a él para admirar sus destrezas y se sentaron. Él continuó exhibiendo control total del balón con todas las partes de su cuerpo. Parecía tener control total de la pelota como si entendiera lo que él deseaba hacer. Cómo si él pudiera controlar mentes, los tenían controlados en él. Los chicos empezaron a moverse más cerca de él. Él los notó, paró su actividad y los miró. Habiendo sido abusados físicamente y mentalmente ellos tenían miedo y se empezaron a retirar lentamente temerosos de lo que él pudiera hacerles o decirles. Él les sonrió y los invitó a acerarse con él. Teniendo mucha experiencia con el temor y la intimidación él comprendió inmediatamente que ellos eran víctimas y sufrían abuso físico y mental. Él les hizo preguntas y comenzó a conocerlos mejor. Los invitó a tomar un refresco o un helado para discutir acerca de su educación. Los chicos estaban super emocionados al haber conocido a un hombre que sabía como jugar fútbol soccer muy bien y parecía estar verdaderamente interesado en ellos. ¿De dónde viene y a que se dedica? Era la pregunta qué todos tenían acerca de él. Les explico que tenía una misión muy importante en su vida, le encantaba el soccer aparte de desarrollar la mente. Su actitud era muy positiva y ellos estaban instantáneamente atraídos a una persona con tantos conocimientos que se preocupara por ellos. Ellos no realizaban en ese momento el efecto tan positivo in sus vidas que él se convertiría. Ellos fueron muy honestos con él del martirio que sufrían en la escuela y la tortura que tenían que soportar y a nadie le importaba. Inmediatamente él encontró otro motivo muy importante en su vida, atacando a los bullies en esa escuela y rescatar a esos grandes chicos para que tuvieran un futuro fantástico no solamente en el salón de clase pero en el campo de soccer también.

Se reunieron seguido en el parque donde les enseñó como controlar la pelota mejor. Ellos empezaron a creer en él y entre más se reunían con él más aprendían a ser mejores seres humanos. No les dijo que era uno de los hombres más mortales en el mundo debido a su entrenamiento en las fuerzas navales NAVY SEALS. A él no le gustaba presumir de sus experiencias y de sus éxitos totales en el servicio militar. Él no había olvidado su misión más importante en su vida y esto era un a coincidencia ayudar a estos pobres chicos que sufrían. Él los iba a ayudar. Él tenía las destrezas y experiencia de liderazgo con toda su fortuna financiera para cambiar sus vidas. Su mente empezó a soñar en construir su escuela privada no solamente para lideres americanos pero lideres mundiales también. Iba a ser una una gran batalla y él estaba preparado para comenzar su vida de nuevo con una nueva meta y en el camino poder estar con ella.

Entre más lo conocían más creían en él. Les enseño acerca de ser verdaderos hombres en todas las areas de sus vidas. Los inspiró para ser lo mejor que podían ser. Le confesaron que tenían miedo de esos bullies en la escuela. Él solamente se rió y se sorprendieron que se burlaba de ellos. Se disculpó y les explicó que esos idiotas eran muy fáciles de derrotar con la mismas armas que usaban contra ellos para torturalos. Eso verdaderamente los sorprendió. La clave para derrotar a un bully es atacarlo y entonces ganar control sobre ellos con el mismo temor que un bully usa contra la víctima. Les explicó que los bullies jamás se han enfrentado a golpes bien conectados o patadas a las areas del cuerpo donde duele mucho. La nariz es el blanco numero uno y los testiculos el numero dos para atormentarlos con el dolor más agudo que les da tanto miedo que el abuso físico y mental que les daban va a parar inmediatamente. Ellos le pidieron que les enseñara como infligir el mayor nivel de dolor para poder sacarse todo el odio y las experiencias negativas que tuvieron que tolerar. Él les sonrió y les preguntó, "¿Están listos para aprender a darles unas patadas severas en el trasero?" Lo abrazaron y la mayoría lloraron porque ahora tenían a alguien que verdaderamente les iba a ayudar a enfrentarse a su temor más grande!

"¿Maestro, cuándo podemos empezar?" Él les aconsejó que iba a tomar tiempo para perfeccionar las destrezas antes que él les permitiera usarlas. La defensa personal is acerca de disciplina mental y física que él les aconsejó. "Yo les entrenaré primero como evitar confrontaciones, entonces como protegerse y finalmente como atacar y no retroceder sin tener temor porque van a tener control mental total del arma más poderosa qué hay. ¡No es la violencia! Ustedes han estado mirando películas muy violentas de venganza. ¡El poder más que tenemos como seres humanos es el poder de PERDONAR! ¡Yo comprendo cómo los odian y han estado sufriendo, pero cuando aprendan a perdonar sus vidas mejoraran un 100%! Eso les voló la mente completamente. Por unos minutos se mantuvieron en silencio pensando en esas poderosas palabras. Ellos estuvieron completamente claros que el maestro estaba correcto y les estaba enseñado lo que la mayoría no aprende, solamente las grandes mentes lo practican. Él les mencionó que cuándo empezaran a leer la biblia y los grandes libros que ellos estarían bien educados. Les empezó a demostrar las partes del cuerpo donde duele más. Dolor es la mejor arma para usar. Ellos lo tomaron con todo su corazón y practicaron implacablemente para que un día se sacaran su frustración en los jugadores de fútbol americano que los estaban torturando.

Sus practicas eran muy efectivas y él estaba confiado que un día ellos no iban a tener temor jamás. Por fin ese día cuando su entrenamiento sería probado llegó. Les aconsejó que siempre llegaran a la escuela en grupo. Ese día llegaron a la escuela en grupo para protegérse. Un equipo es la mejor protección. Muy bien, si tenía que pasar es mejor pronto que más tarde. El más violento y fuerte de los bullies le encantaba infligir dolor comenzó a amenazarlos delante de muchos otros estudiantes que tenían miedo de lo que él iba a hacer a uno de ellos. Uno de los chicos de su grupo de soccer se enfrentó a ese bully el cual estaba sorprendido que algún alma lo enfrentará, la cosa más aterradora en el mundo según ese bully. En cuanto el bully se acercó a su víctima entonces la "víctima" le plantó un golpe muy fuerte con su puño en la nariz que empezó a sangrar bastante, algunos otros golpes muy fuertes y patadas a las parte más dolorosas del cuerpo lo tumbaron y ese bully comenzó a llorar y a pedir perdón y disculpas suplicando que parara la golpiza. El chico que lo golpeó realizó su error y pidió disculpas porque odio no ayuda y le ayudo al bully a pararse y le dijo, "¡Te perdono!" El bully comprendió su error y se disculpó y ellos se saludaron con un saludo de manos. Todos la alumnos que vieron eso le dieron una ovación con un aplauso y reconocimiento. Desgraciadamente para ese valiente alumno la administración y el coach del equipo de fútbol americano no iban a dejar que un simple chico de menos de 100 libras que su héroe se saliera con esa violencia. Los padres del bully se quejaron en la oficina y ese pobre chico iba a pagar el pato por su violencia y lo iban a cargar con toda la ley.

Algunos de los chicos fueron a avisarle a él y a explicarle lo que había sucedido. Llegó la hora de la pelea. Esas tristes personas no sabían lo que venía. Él entendía muy bien la porquería de seres humanos que eran y los iba a tratar legalmente. Él hizo unas llamadas por teléfono y les pidió su presencia para tratar este asunto. Llegó a la escuela a pedir una reunión con el director.

El cual se negó a atenderlo y le exigió que abandonara la escuela o sería arrestado. Entonces se reunió con los padres de sus chicos para explicarles lo que había estado ocurriendo en esa escuela donde la administración había estado protegiendo a aquellos que torturaban a sus hijos por tanto tiempo y nunca habían arreglado el problema porque solo les importaba el equipo de fútbol americano. Los padres estaban muy enojados y le dieron las gracias por apoyar a sus hijos. Les aviso que la ayuda estaba en el camino. Sonriendo les dijo que el excremento humano le iba a pegar al abanico y verían popó por todos lados. Los padres le dieron las gracias y dejaron que él se encargara del asunto. El chico que le dio la paliza al bully no fue suspendido porque la administración de la escuela no quería perder dinero de la asistencia diaria de los alumnos si lo suspendían y no estaba en la escuela presente, pero lo separaron de los demás estudiantes pretendiendo que era una amenaza para lo otros estudiantes. El chico solo sonreía y pensaba en el consejo que su mentor le había dado. Ten fe y cree en ti mismo. Esa sabiduría le había ayudado mucho a sobreponerse ante su miedo y ahora ya no lo tenía y no tenia temor de las consecuencias.

Una semana después varios automobiles llegaron a la ciudad y él les dio la bienvenida y los hospedo en un buen hotel en la ciudad que él había hecho reservaciones. Se reunieron en el cuarto de conferencias para planear la destrucción de esa cámara de torturas. Él sonrió porque la ley iba a tomar efecto muy pronto. Los abogados comenzaron a tomar evidencia de los padres y los muchachos de lo que había estado sucediendo en la escuela por tanto tiempo. Los abogados estaban reuniendo suficiente evidencia para ir detrás de dos culpables: el director y el coach del equipo de fútbol americano. Esos dos idiotas no se daban cuenta de lo que les iba a pegar. Unos días después los abogados tenían un caso muy bien preparado y ellos olían sangre humana!

El lunes por la mañana cuando la escuela abrió las puertas un abogado entró para entregarle una carta al director. Cuando el pobre director leyó la carta su rostro se puso pálido de miedo.

Él comenzó a hacer muchas preguntas y a negar cualquier acto malo. El abogado solo sonrió y le agradeció por haber aceptado la carta legal que demandaba su presencia con el coach de fútbol en dos semanas para un juicio en la corte federal en la capital del estado. El director inmediatamente comprendió su problema. Todos sus familiares estaban colocados en puestos muy altos en las cortes del estado y en el departamento de policía. Él no tenía ningún poder en una corte federal. Le dio pánico y llamó al coach de fútbol para conseguir buenos abogados para el juicio. Inmediatamente fue a ver al superintendente del distrito escolar y a pedir ayuda legal. Les pidió a las secretarias que llamaran a padres de alumnos en su escuela para que dieran buenos testimonios y que negaran cualquiera acusación de él y el coach y que los reclutaran como testigos favorables en el juicio. Él sabía que los abogados los iban a entrevistar también. Iba a ser una batalla pérdida, pero estaba luchando en una pelea por su vida profesional y él sabía que era culpable del abuso físico y mental a los alumnos por tantos años. Ahora solo le quedaba proteger su trasero. Él tenía que enfrentarse a las consecuencias de sus actos. Sus abogados le sugirieron que pidieran un acuerdo extrajudicial fuera de corte. El pobre tonto tenía tanto miedo que solo deseaba que esto terminara.

La administración de las escuelas del distrito pronto se dieron cuenta que demasiados padres estaba muy furiosos y estaban a punto de declarar en corte. Los únicos que los apoyaron fueron los padres de los mejores jugadores del equipo de fútbol americano de la escuela. Esa pelea legal iba a haber mucha sangre derramada mentalmente en la corte! La oficina del distrito estaba cubriéndose el trasero y dieron una excusa que era una desgracia legal. Ellos lo acusaron de instigar a los chicos para destruir a la comunidad. Desgraciadamente para ellos la evidencia los dejó pálidos cuando se enfrentaron a los hechos innegables y al que acusaban de instigar fue el único que descubrió el pequeño secreto. Los reguladores federales suspendieron al equipo de jugar, todos los maestros fueron puestos en plaza condicional y los reguladores federales estarían a cargo de la escuela. El director perdió su cargo así como el coach los cuales fueron asignados a trabajos en el distrito sin ninguna posibilidad de regresar a esas posiciones. Toda la comunidad estuvo totalmente sorprendida cuando escucharon el veredicto del juez. De nuevo él demostró el poder de PERDONAR. Él les pidió a sus abogados que ayudaran al equipo para que pudieran continuar jugando pero con otro entrenador. Él les dijo, "¡Yo no estoy aquí para destruir vidas, yo estoy aquí para mejorar vidas!" Todos en la escuela se sorprendieron de ese acto tan noble. Él tenia el poder de destruirlos y aún así el decidió ayudarlos.

5

CONSTRUYENDO UNA NUEVA ESCUELA

Su idea era grandiosa, pero él no contaba en el nuevo bully, la administración de las escuelas públicas que pelearían contra cualquiera que querían sacar a los alumnos de las horribles escuelas publicas usando métodos legales o poner suficiente presión para que él se rindiera como tantos pequeños hombres que no contaban con sus recursos y conexiones. Esos oficiales públicos iban a experimentar a un enemigo que nos se iba a dar por vencido. Ellos no estaban preparados para esta batalla, legal o de otros modos. Empezó reuniendo toda la información que fuera posible y contrato a un equipo de expertos para adquirir permisos al nivel estatal, local y también al nivel federal. La administración de las escuelas sintieron un problema que venía y formaron un equipo para evitar que formara su escuela sin poder usar fondos locales, estatales o federales culpándolo de no estar preparado. Los pobres idiotas que solo tratan con los impuestos que la gente paga para poder construir las escuelas. Los ignorantes de su poder financiero no solo tenían suficiente capital para construir un gran escuela pero también un gran estadio para que su equipo de soccer jugara sin usar ningún fondo público.

Su equipo trabajó diligentemente y logró conocer a gente muy poderosa que estuvieron de acuerdo con él. Primeramente compro terreno en área federal que eliminaría regulaciones estatales y locales. Iba a ser una escuela federal en terreno federal. Tenía apoyo en el Congreso, en la Cámara de Representantes y también en el Pentágono. Siendo un NAVY SEAL muy decorado trae con ello reconocimiento y conexiones también. Él y su equipo de construcción trabajaron muy duro poniendo de 15 a 18 horas diariamente para completar la escuela. Primero alquiló aulas temporales hasta que la escuela se completara. Los planes fueron muy bien hechos porque el contrató a la mejor firma de arquitectos. El diseño de la escuela era muy hermoso decorado por platas que le daban una gran cualidad para aumentar la belleza de su sueño. Él estaba my emocionado y comenzó a llorar. Uno de los miembros lo vio llorar y supo cuánta felicidad tenía al ver su sueño en frente de él. ¡Valía la pena el esfuerzo! Él invitó a todos los involucrados en el proyecto a un banquete en sus nombres por el trabajo tan fantástico que habían desempeñado. Él no se los iba a enseñar a sus chicos todavía. Iba a se un sueño vuelto en realidad para los chicos y sus padres. Ellos continuaron en preguntarle acerca de la escuela y él solo les decía que en un tiempo adecuado ellos iban a ser testigos de su fantástica escuela y ademas un gran secreto por lo orgulloso que él estaba de lo mucho que ellos habían avanzado en un tiempo muy corto. Él puso un cerco muy alto para que nadie pudiera ver desde el camino lo que se estaba construyendo en ese lugar y las personas del pueblo estaban curiosos y querían saber pero nadie sabía. Rose también estaba muy intrigada en lo que le había pasado a ese extraño hombre que apareció un día y ya no lo volvió a ver. Fue a preguntarle al sub director de ese forastero y él le dijo que ese hombre era muy mala influencia y que estaba planeando sacar a los mejores estudiantes de la escuela. Ella sintió mucho odio con el extraño y aunque no tenía toda la verdad que fue ocultada a todos los maestros. El odio se empezó a acumular en su corazón y quería verlo para insultarlo y acusarlo de dañar a la escuela. Ella fue motivada por un odio sin fundamento hacia alguien que estaba haciendo el mejor trabajo dandole la mejor educación que muy pocos alumnos reciben.

Los salones de clase, la oficina, los baños, los cuartos de conferencias, el auditorio, los laboratorios de ciencias, la cafeteria y todos los otros cuartos fueron construidos con los muebles más modernos y una extensa biblioteca con cuarto de computadoras. Él estaba muy orgulloso de su nueva escuela y sabía que todas las batallas las había ganado, pero la más importante no se había ganado todavía. Eso le empezó a preocupar mucho. Rose era tan hermosa que muchos hombres tratarían de conquistarla. Él tenía miedo de ese sentimiento tan extraño por ella. Él estaba extremadamente preparado para enfrentarse a la mayoría de las situaciones pero él nunca se había enfrentado a su interior ni menos a ese hermoso sentimiento por Rose. La vida le ayudo a controlar su sentimiento para que pudiera terminar su escuela y el estadio. Su equipo de soccer tomo el tiempo para desarrollar un gran equipo y los jugadores estaban respondiendo mejor de lo que él pensaba. "Mis campeones merecen mi tiempo completo y todos mis esfuerzos. Sin ellos yo estaría perdido amando a Rose tanto." Él no quería perder ese sentimiento tan extraño y hermoso.

Él empezó a anunciar las posiciones de maestros para darles el nivel académico más elevado de instrucción. La compensación era la mejor compensada que un maestro podría recivir. Tenía bonos financieros por el éxito académico de cada aluno. Iban a tener casa pagada, alimentos, automóvil, seguro de vida, plan de retiro y algunas otras cosas que hacían esta posición de maestro la más atractiva en el mundo. Las respuestas fueron mucho más de lo que él esperaba. Había cinco posiciones de maestro y más cuando la asistencia aumentara. Él ocupó a expertos que sabían reclutar los mejores maestros del mundo para las entrevistas que él personalmente entrevistaría a los finalistas. Él les expuso a los finalistas los requisitos que tendrían una demanda muy elevada y solamente los mejores educadores serían seleccionados. Él también escogió a maestros para música, arte, baile, canto y teatro. Sus alumnos iban a tener una educación completa en varias areas de la educación intelectual. También planeó tener animales como caballos y otros animales domésticos aparte de expertos en plantas para que sus chicos se encargaran de cuidarlos. Él sabía que cuando eran parte de la responsabilidad se iban a sentir parte de todo eso. Ellos tenían que encargarse de todos los seres vivos para que apreciaran la vida y no fueran irresponsables.

Su equipo de formar la escuela empezaron a reunir todo el equipo y materiales que la escuela iba a necesitar. Él formó una biblioteca de la escuela que sería la envidia de cualquier institución educativa. Día tras día el presenció como su escuela se estaba formando. Unos meses después la escuela estaba por fin terminada y lista para los alumnos. Los estudiantes habían estado asistiendo a clases en salones temporales alejados de su escuela nueva.

Él finalmente les dijo a sus muchachos y a los padres que hoy su secreto les sería revelado a ellos. La emoción era evidente y no podían esperar para verlo. Él les pidió a todos que se cubrieran los ojos y también los padres. El autobús lleno de risa y voces muy felices todos brillaban de emoción. Entonces el autobús se detuvo y les pidió a todos que se mantuvieran en el autobús sin mirar. Él había alineado a todo el personal de la escuela para conocerlos. El autobús se había detenido en la entrada de la escuela para que pudieran admirar a toda le escuela, sus hermosos campos muy bien diseñados y cultivados con caballos y otros animales. Cuando lo vieron no podían ni pronunciar una palabra. Todos los padres no podían creer que él había creado un centro de aprendizaje tan fantástico. Ese lugar era tan hermoso que todos los padres se dieron de voluntarios en cualquier capacidad para hacer que sus hijo apreciaran lo que él hizo por ellos y además estaba tan bonito. Ellos conocieron a todo el personal y a los maestros que eran responsables por las diferentes materias. Caminaron por los salones de clase, los baños y vieron que todo era muy caro y moderno. Ellos continuaron preguntando que cuanto había costado construir todo, pero él no les respondía. "¡No me pregunten a menos que ustedes lo quieran comprar!" Siguieron admirando todo y salieron para ver los jardines tan hermosos que rodeaban los edificios de la escuela. Él los reunió y les preguntó, "¿Están mis pequeños listos para ver la otra mitad de la sorpresa?" Ellos solo vieron un campo sin nada. Ellos le preguntaron, "Oiga maestro, donde está?" Él sonrió y les respondió, "¡Ustedes chicos no tienen nada de visión o imaginación! ¿Qué no pueden ver el nuevo estadio que voy a construir ahi?" ¡Se podia escuchar los gritos y risa desde lejos acerca de la experiencia que ya abrían experimentado y aún más en el futuro! Todos los padres no podían creer lo que un hombre solo podía lograr a pesar de toda la oposición. Ellos no sabían de todo el poder financiero, las conexiones de individuos muy poderosos en el Congreso del país y en negocios muy grandes. Cuando hay grandes ideas con imaginación y pasión lleva a las personas a crear cosas increíbles.

Desgraciadamente muchas de esas ideas mueren muy pronto por la falta de apoyo y capital. En este caso no solo era una idea fantástica que se estaba convirtiendo en realidad, pero él tenia el apoyo, el equipo y lo que hace que el mundo de vueltas, capital ilimitado. Era como un matrimonio en el cielo. Lo que él estaba presenciando ese día confirmo su sueño dorado de cambiar la mentalidad de jóvenes para convertirlos en lideres mundiales que harán impacto en al sociedad para mejorar el pensamiento del hombre. Su idea era de cambiar la mentalidad de 19 mentes jóvenes que eventualmente serían 20 y si cada uno de ellos afectaran positivamente a 20 cada uno de ellos entonces en unos años el mundo no tendría violencia, abuso físico y mental.

Ahora él estaba plenamente seguro que sus esfuerzos tendrían frutos. Él se dio cuenta que su intervención ya había tenido un impacto mayor en las vidas de esos grandes chicos que lo siguieron. Él tubo una reunión general con toda la facultad de la escuela, los alumnos y los padres para hablar de de las reglas, regulaciones que todos en la escuela seguirían y respetarían.

Sus reglas se enfocaban en respeto mutuo, participación en todo, comportamiento, asistencia, uniformes, horas de estudio, seguridad de todos, éxito académico, trabajo de equipo, asistir en mantener la escuela limpia y cuidar los jardines y los animales con amor y atención. Todos estuvieron de acuerdo con esas reglas y regulaciones. Los alumnos fueron divididos en cinco grupos con cuatro alumnos en cada grupo para que cada maestro tuviera una porción pequeña de cuatro alumnos para poder educarlos mucho mejor y tener más contacto con cada uno de ellos. Cada maestro enseñaría una materia por una semana para poder lograr mejor aprendizaje y despues cambiar grupo de alumnos. Al fin de cada semana tendrían un examen para demostrar aprendizaje total. En caso de que el alumno no lograra pasar el examen entonces el fin de semana tendría que estudiar más donde el maestro se encargaría de ayudarlo en las areas que tendría dificultad. Cada mes los maestros se reunirían con los padres para ver el progreso o las areas de preocupación. Desde el momento que esos chicos eran alumnos superiores los maestros y los padres solamente tenían que platicar muy felices del logro tan avanzado de esos alumnos. Los maestros se consideraban tener tanta suerte de enseñar a esos alumnos tan dedicados a sus estudios. Eso hizo que los maestros también aumentara su propia pasión por la enseñanza.

Él preparo a los padres para que ellos pudieran sacar a sus hijos de la escuela legalmente. Él entendía muy bien el tipo de personas que eran la administración del sistema de las escuelas publicas si los padres iban a sacar a sus hijos de las escuelas publicas. Les leyó sus derechos para poder moverlos de escuela. Se iban a enfrentar con una burocracia que los iba a mandar de una oficina a otra sin ayudarlos para que se dieran por vencidos y dejaran a sus hijos en esa escuela. Él les dijo que el distrito los iba a amenazar legalmente con meterlos a la cárcel. "¡No se preocupen!" Él les mencionó. Esa era un arma muy efectiva que el sistema del distrito público usaba para proteger el dinero de ADA, dinero de la asistencia diaria de los alumnos y aparte de eso si los mejores alumnos dejaban la escuela les iba afectar en el promedio de grados de toda la escuela. Él les mencionó que sus hijos merecían una verdadera educación y desarrollo humano. Los padres se dieron cuenta que una firma muy poderosa de abogados que se especializaban en la educación publica los iba a representar y ellos tenían el derecho de cambiar a sus hijos de escuela cuando deseaban. Uno de los padres dijo en broma, "¡Allí me van a dar de comer y no voy a tener que hacer tantos trabajos en casa que mi esposa es muy buena para dar ordenes!" ¡Todos los presentes soltaron la carcajada! Él había preparado una comida fantástica para padres y abogados. Después de la comida los abogados visitaron a la escuela y sus jardines tan hermosos, lo cual los dejó muy impresionados y contentos de ver la magnitud de la escuela. Esa escuela sería un gran legado para desarrollar grandes seres humanos.

Al siguiente lunes los padres se presentaron muy bien preparados para enfrentarse a la oposición muy fuerte de la escuela. Los padres comprendían que la facultad de la escuela estaba protegiendo su sustento del salario y el capital para pagar por los programas en la escuela con el dinero del ADA que el estado les proporcionaba. Si un alumno se mueve no es mucho el dinero que se pierde o el efecto en el promedio académico escolar de toda la escuela, pero 19 alumnos entoces ese si es un gran problema para el distrito y la escuela que era la numero uno en todo el distrito académicamente. Los administradores de la escuela estaban totalmente desprevenidos para tal evento. A la secretaria también la tomaron totalmente desprevenida. Ella les sonrió muy nerviosa y les pregunto que como los podía ayudar. Estaba tan nerviosa que no sabía como proceder. Ella caminó inmediatamente para consultar con el director acerca de esta situación. Él nunca había visto los padres de los mejores alumnos sacar de la escuela a todos en grupo. El estaba consciente de los problemas que la escuela tubo, pero él no era responsable y si todos esos alumnos se movían de la escuela le causaría serios problemas a él en las oficinas del distrito. Todos los administradores en las escuelas publicas son políticos que tienen las mejores plazas en el distrito y debido a los reconocimientos obtenidos podrían tener mejores plazas en otros distritos que los ocuparían. Fue entrenado a como ser politico que les daba por su lado a todos y al final salía ganando. Él le dió instrucciones a la secretaria para que los hiciera perder tiempo y para que él se pudiera preparar para poder confrontarlos. Ella hizo exactamente y muy profesionalmente lo que el director le había instruido, disculpándose porque el director estaba atendiendo unas situaciones de la escuela y que no podía atenderlos. Los padres estaban preparados acerca de las acciones de los administradores y ahora ellos irían a las oficinas del distrito para completar las formas del distrito diciendo que el director no se quería reunir con ellos. Él les explico que pasando sobre la cabeza del director y yendo a la oficina del superintendente el director no lo iba a tomar muy bien. Legaron a las oficinas del distrito para pedir las formas quejándose que el director no los había atendido. Esa secretaria les preguntó que a qué escuela sé iban a mover y ellos le respondieron que sus hijos fueron aceptados en una escuela privada nueva donde tendrían un equipo de soccer que les fue negado en su escuela. La secretaria estaba muy interesada en el currículum de la escuela diciéndoles que su propio hijo había comenzado a perder interés en la escuela después de ser el mejor alumno desde kinder. Algunos de los padres le preguntaron que si su hijo había sufrido abuso físico y mental en la escuela. Ella parecía que estaba preocupada de eso. Los padres estaban más que contentos de describirle lo que habían visto que tan contentos estaban desde que él había entrado en sus vidas.

La secretaria les dijo en confidencia que había escuchado de los eventos que pasaron en esa escuela. Ella estaba muy interesada en obtener información acerca de la escuela y su curriculum y estaba muy contenta de poder

ayudar a los padres a completar las formas para ayudar a esos chicos afortunados. Le aseguraron que ellos le informarían a él y se comunicaría con ella.
Los días parecían pasar más rápido. El hecho es de que cuando una persona
esta ocupada haciendo algo de importancia el tiempo pasa más rápido y se
empieza a terminárseles el tiempo especialmente cuando hay una fecha para
completarlo. La presión mental que nos ponemos nosotros mismos lo hace
más difícil. Las aplicaciones tenían una fecha para entregarlas al distrito y la
secretaria hizo su prioridad archivar las aplicaciones a tiempos y en orden.
La administración de la escuela tubo algo de alivio no tener que tratar con
esos padres latosos que creaban más problemas. Los administradores no
realizaban qué iban a estar en una guerra legal.

Él estaba preparado para para tener éxito no para fracasarles a esos
muchachos y a sus padres que le tenían confianza absoluta. Él les había dem-
ostrado su trabajo y ellos anhelaban mucho que sus hijos recibieran la mejor
educación en el mundo. Esto ya no tenía nada que ver con su ego, pero era
para una gran causa del futuro de los chicos.

La secretaria recibió su llamada y ella jamás esperaba que él le llamara
tan pronto. Ella estaba muy exaltada escuchado su voz y aún más cuando
hicieron una cita para verlos a ella y a su hijo.

Ese viernes ambos, ella y su hijo se reunieron no tan solo con él pero
también con todo el grupo de sus estudiantes. Les explico a ambos que
esta escuela funcionaba diferente a las escuelas regulares. Aquí también los
estudiantes participaban en las desiciones de la escuela. Les dijo a los dos
que cuando los estudiantes tenían voz y voto con los padres y la facultad de
la escuela, les explico que cuando las personas participaban en las desiciones
se sentían parte de y en control de su educación. Su hijo tenía que ser entrev-
istado por todos los muchachos porque eran un equipo y tenían que llevarse
muy bien con todos en el equipo. Eran como una familia y tenían que trabajar
en equipo para tener éxito. Los alumnos se presentaron al joven y le dijeron
que esta era la mejor escuela para ellos. Le dijeron que el abuso físico y mental
era el problema número uno en la escuela y no estaba aceptado porque todos
ellos fueron abusados físicamente y mentalmente. El muchacho les dijo que
él había presenciado el abuso pero que a nadie le importaba. A él le gustó eso.

No iban a tener abuso físico o mental en esta escuela. Él también les dijo que su educación se había estancado porque los maestros no estaban cubriendo material más avanzado que él andaba buscando. Es más él ya estaba perdiendo interés por la educación. Él siempre había sido el mejor alumno y ahora ni siquiera le importaba. Todos le del equipo le sonrieron y le preguntaron que si tenia lo que se nesecita para estudiar al nivel más elevado. Uno de ellos le dijo que tenían cinco grupos de cuatro alumnos cada grupo y que era un curso muy intensivo de estudio para prepararlos académicamente. Su reacción fue una gran sonrisa y fue para abrazar al mentor. Eran 19 y ahora serían 20. Cinco grupos iguales para estudiar. Ellos le mencionaron que estaban formando un gran equipo campeón de soccer. "¿Sabes come jugar soccer?" Uno de ellos le preguntó. "No" Respondió, pero estaba dispuesto para aprender porque a él le gustaban los deportes. Él estuvo en el equipo de fútbol americano debido al hecho que era el único equipo que él había estado interesado. Todos los chicos decidieron aceptarlo si estaba dispuesto a pasar por el entrenamiento bien duro. La madre del chico estaba muy contenta que por fin logró encontrar un gran programa para su hijo. Cuando salieron de la reunión un par de los chicos los llevaron para que vieran lo impresionante que era la escuela y sus jardines con los animales. No podían creer que tan hermosa era toda la escuela con los animales que a él le interesaban mucho y que él podía cuidarlos y a las plantas. "¡Wow mami! ¡Yo puedo ayudar con los caballos, los otros animales y las plantas también!" Ambos salieron muy contentos y el chico estaba listo para continuar estudiando al nivel más alto. "A esos chicos les encanta la competencia como a mí. Ellos van a ser grandes compañeros. Muchas gracias mami por ponerme en esta gran escuela. Todos me callaron muy bien." Ella sonrió y lo abrazó.

Unas semanas después él comenzó a aprender el soccer y muy pronto se dieron cuenta de que tenía la agilidad y destreza para ser un gran defensa central. Su entrenamiento en el fútbol americano lo preparo para ser un buen defensor que era natural para él y no tener miedo para proteger al portero. Él no solo sobresalió en el campo jugando soccer, pero también en lo académico y su pasión por todo fue evidente muy pronto. Él era muy popular con sus compañeros por ser tan humilde pero al mismo tiempo tenia mucha confianza en todas sus acciones. Algunos de sus compañeros de la otra escuela iban a molestarlo pero como andaba con sus nuevos compañeros no se atrevían a molestarlo. El equipo de fútbol americano lo extrañaba muchísimo porque era el mejor jugador en la defensa y varios de los mejores colegios en la nación lo andaban mirando para reclutarlo. Ahora se estaba convirtiendo en una estrella en el soccer. Su rapidez y siempre estaba bien colocado y nunca fuera de posición por eso nunca le ganaron en ninguna jugada. Los otros equipos respetaban su juego limpio. Él no tenía que lastimar a ningún contrario pero no te equivoques, si tenía que jugar rudo era mucho mejor.

Él se dió cuenta que el equipo había madurado y los muchachos comenzaron a tenerse confianza mutua. Nunca estaban fuera de posición y se ayudaban mutuamente. Su condición física estaba en condición excelente y podían jugar tiempos extra sin cansarse como los otros equipos que estaban fuera de condición física.

El estadio empezó a llegar al final de su construcción y todos los miembros del equipo soñaban con el día que por fin iban a jugar su primer juego ahí. El chico nuevo estaba super feliz no solo con la escuela nueva pero también con ese magnifico estadio en el que él iba a jugar. Las personas del pueblo se empezaron a sentir algo de orgullo por la escuela nueva, el equipo campeón de soccer y el fantástico estadio que se estaba construyendo.

Después que él había completado su fantástica nueva escuela y el estadio se estaba terminando de construir la administración de la escuela publica estaban muy disgustados por que él acababa de sacar a los mejores estudiantes de la escuela. Todas sus platicas eran de como lo odiaban y no podían hacer nada para sacarlo del pueblo. Rose se veía muy disgustada también sin saber lo que estaba sucediendo con todo el abuso físico y mental de los estudiantes que fue protegido y cubierto por el director y el distrito. Ella llegaba a su casa echando chispas y con un comportamiento muy negativo seguido. Finalmente un día su madre se sentó con ella para hablar con ella. Su madre nunca la había visto con ese comportamiento tan negativo. Su madre era una mujer muy sabia y con una gran visión le dijo que nadie que ella conocía tenía el poder de controlar su mente a menos que ella estaba enamorada de él. Su madre le mencionó que el amor y el odió son sentimientos muy poderosos y son hermanos gemelos y que la indiferencia no la hubiera hecho actuar de esa manera. La madre le preguntó, "Mi pregunta Rose es esta, ¿Cuánto tiempo tienes sitiándote así acerca de él?" Rose comenzó a llorar y le confesó que cuando lo vio hubo algo muy poderoso que le empezó a afectar en una manera muy hermosa. Rose le preguntó, "¿Por qué me siento de esta manera si lo acabo de conocer?" Su madre sonrió y le dijo, "Rose, tú acabas de conocer al hombre de tu vida, tú no lo odias, tú lo amas y quieres estar con él todos los días. Tú estas celosa de su fantástica escuela, el equipo campeón de soccer, su éxito y el gran estadio que está construyendo." Su madre la besó en la frente y ahora la señora lo quería conocer también. La intuición de una madre la hizo comprender que él también estaba enamorado de Rose y por eso es que él permaneció en este pueblito por sus dos amores: Rose y los chicos. Un día estos dos tontos tendrán que reconocer sus sentimientos y tendrán que aceptarlos y no pelear contra ellos. Como Rose seguía enojada con él su madre le dijo que tenía que enfrentarse a él y dejar que todo el odio saliera de su corazón y si no entonces ese odio le destruiría su destino.

Unos días después Rose tubo la fuerza para ir a enfrentarse a él y a confrontarlo personalmente.

Era algo que se tenía que hacer en persona y no se podía hacer por escrito o por texto. Su ira era tal que la consumía y estaba perdiendo su control. Ella nunca se había sentido así. De algún modo ella se sentía muy incomoda como si estuviera peleando consigo misma. Era un sentimiento que la estaba destruyendo y no sabía como anteponerse y mantener control de ese sentimiento que era tan poderoso. Trató de mantener control pero era tan difícil. Tan pronto cuando entró a la oficina lo miró sentado en su escritorio haciendo una llamada de teléfono tan feliz y era tan guapo. Su corazón comenzó a palpitar muy rápido y ella estaba totalmente derrotada. Su sentimiento por él era tan poderoso, pero ese odio y ella esperó para que él compenetrara su llamada por teléfono. Ella lo sorprendió cuando la vio en frente de él. Él estaba completamente sorprendido. Ella era la última persona que él esperaba ver ahí. Se puso de pie para saludarla, pero notó que ella no estaba presente para tener una conversación amigable. Su sonrisa desapareció de su cara y trató de ser cordial con ella, pero notó el estado mental de ella. Ella estaba muy enojada y no estaba en actitud amigable para nada. Él tubo que recurrir a su entrenamiento mental para desactivar una situación muy violeta oralmente. Su ira salió como se esperaba y ella le dijo insultos sin misericordia y no le importaba que él pensara de ella. Ella había sacado todo. Él inmediatamente comprendió la situación mantuvo la calma y no la interrumpió. Su entrenamiento lo preparó para situaciones cómo esta y él tenía ser el que mantuviera el control de sus emociones por ella, la amaba más en ese momento y quería que ella viera a pesar del odio que ella le tenía. Su belleza casi lo hizo perder el control de sus emociones. Ella lo insultó sin que dejara que él respondiera y sus palabras le estaban lastimando más a ella que a él. ¿Cómo podía atacar al ser que ella amaba y aún él la había lastimado más? Él no respondía, solamente movía su cabeza para hacerle saber que la estaba escuchando y ella no estaba preparada para ver que su odio no le estaba afectando a él para nada. ¿Cómo es posible que una persona se quede parado ahí y no se defienda de las acusaciones? ¿Estoy bien o él esta bien en lo que hizo a la escuela sacando a todos esos alumnos? Ella empezó a dudar y casi comenzó a llorar en frente de el hombre que ella amaba tanto. Sus ojos estaban llenos de amor por él y su voz tenía tanto odio. En los ojos de él se veía solo amor por ella y ella se perdió en esta situación tan incomoda. Él le respondió con palabras dulces y le ofreció algo de tomar para calmar sus nervios. Ella casi lo aceptó pero decidió salir. Cuando ella salió de la oficina él le dijo que comprendía su ira y era mejor obtener los hechos de los chicos que fueron abusados física y mentalmente ademas la pobre educación académica que recibieron. Esas palabras le pegaron donde más le dolía a ella. Ella recobró su odio y le gritó, "¡Oh cómo te odio!" Él respondió, "¡Tú me odias, pero yo nunca podría odiarte!" ¡Él se dio cuenta inmediatamente que ella estaba enamorada de él! Ella vio en los ojos de él llenos de amor por ella y casi se dió la vuelta y corrió para caer en los brazos de él y besarlo. ¡Pobre tonta no se daba cuento que él era el pobre hombre en el parque que una noche fantástica ella le dio ESE beso y que eventualmente encontraría al hombre de su vida que la haría la mujer más feliz del mundo! Ella estaba sentada en su carro llorando a lagrima suelta sin poder siquiera prender su carro. Él la vio en su estado y le preguntó si estaba bien. Suavemente le pidió que hablara con los estudiantes y los padres si no nunca encontraría la verdad. Él mencionó que esos chicos eran su segunda llamada en la vida por la cual vivi, la más importante no se había completado todavía. Él se alejó lentamente sintiendo tristeza por ella y como ella él quería confesar sus sentimientos por ella y tenerla tiernamente en su brazos para besarla una y otra vez. Él sabía que ahi se encontraba la futura madre de sus hijos y su motivo había adquirido urgencia antes de perderla.

Ella llegó a su casa toda confundida llorando y caminó hacía su madre y se abrazaron para platicar después de lo que pasó. Ella estaba tan confundida con odio y amor a la misma vez. Había una batalla de sentimientos en su corazón y no estaba preparada para enfrentarse a la verdad. "¡El amor lastima!" Su madre le sonrió y trató de consolarla, pero estaba tan dolida para poder resonar. Esa noche su almohada terminó totalmente mojada por sus lagrimas y ni siquiera durmió un minuto ni siquiera se había quitado su ropa para dormir. La siguiente mañana ella duro en el baño mucho tiempo dejando que el agua le ayudara pensando en el consejo que él le dio. Sus emociones estaban más en control y ella tenía que saber la verdad. Ella fue a visitar a los estudiantes en sus casas y comenzó su misión de descubrir la verdad. Una por una de las personas que ella entrevistó estaban tan contentos y le dijeron de toda la tortura física y mental que sufrieron además de la horrible educación que recibieron y como la facultad de la escuela estaba muy orgullosa del equipo de fútbol americano. Ellos le preguntaron por qué estaba haciendo eso y que si había visto la gran nueva escuela, los salones y cuan felices todos los estudiantes estaban recibiendo una educación superior. La última familia que visitó totalmente quedo perdida y comenzó a llorar. Los padres y el alumno la abrazaron y la invitaron a visitar a la escuela. Ella realizo que se había enfrentado a la verdad y eso le dolió muchísimo. ¿Cómo pude ser tan estupida e ignorante acerca de las horribles cosas que estos pobres muchachos sufrieron y nadie en la escuela hizo algo? Ahora ella tenía que enfrentarse a algo muy difícil. ¿Ahora cómo puedo enfrentarme a él, el hombre al que amo y acabo de lastimar con mi egoísmo estupido? ¡Ella fue a su casa llorando de nuevo, pero su madre notó que esta vez ella no estaba enojada solo sufriendo y enamorada! Su madre le dijo que tenía que regresar a verlo y disculparse. La sabiduría de su madre sabía que ese hombre que su hija amaba era perfecto para Rose. Ella le dijo que si en realidad lo amaba tenía que ir a verlo y que era extremadamente importante disculparse honestamente con él. Míralo a los ojos y tú vas a encontrar la verdad porque yo se que él tiene tanto miedo de sus sentimientos por ti. Tus propios ojos se comunicaran con los de él y si hay química tendrás una de las batallas más importantes de tu vida. El amor es el sentimiento más importante que una persona puede tener. Derrota cualquier situación difícil y lo resuelve todo.

6

ROSE REGRESA A DISCULPARSE

Ese lunes por la mañana ella estaba preparada y sabía lo que tenía que hacer. Aunque ella estaba preparada y al mismo tiempo tenia miedo. Ella fue a enfrentarse con el director de la escuela y saber de parte de él la verdad y hacer su decisión en su carrera. Todos estos años en la escuela habían sido una mentira. Ella no podía continuar en una organización que lastimara a los niños. La secretaria la recibió y fue a ver al director para que la recibiera. Tan pronto como Rose entró a la oficina él sintió que iba a tener un problema. Él le pidió que tomara asiento y le preguntó el motivo por esta reunión. Ella fue muy honesta con él y le preguntó acerca del abuso físico y mental que había estado sucediendo y como fue cubierto por tanto tiempo. Él le empezó a dar una excusa muy estupida que solo había sucedido un vez y que ese caso ya estaba resuelto. Mencionó que ambos el director y el coach habían sido movidos a la oficina del distrito. Ella se puso de pie porque él le ayudó a hacer su decisión y le entregó su renuncia por escrito. Ella no dijo una palabra y salió sin míralo que estaba totalmente sorprendido por su reacción. Luego luego se dio cuenta que le había mentido y lo hizo sentirse muy incómodo.

¡Estuvo sentada en su auto por unos minutos mientras se recuperaba y temer porque se tenía que enfrentar al problema más difícil, ir a verlo

personalmente y disculparse por haberlo insultado, la víctima de su odio!
Ella condujo su carro lentamente deseando que ese corto viaje durara para
siempre. Tubo que parar su auto varias veces y comprar café deseando que
le diera fuerza. Ella llegó al estacionamiento de la escuela y por fin logró ver
lo hermoso que era todo porque la última vez ni cuenta se había dado por su
odio que la cegaba. Era tan bello todo y había un sentido de amor por todos
lados. Le tomó varios minutos para salir de su vehículo y al caminar sentía
que sus piernas temblaban y sus pasos eran muy lentos. Un muchacho la vio
y corrió a saludarla. Le dio un abrazo y una gran sonrisa. "¡Que sorpresa tan
agradable Miss Rose, todos nosotros deseamos que usted trabajara en esta
gran escuela!" Eso le dio la fuerza que ella necesitaba para entrar a la oficina.
El chico le abrió la puerta y le pidió que favor tomara asiento y que le iba a
avisar. Él sonriendo le aviso a él que tenia una sorpresa muy agradable espe-
rándolo. Le cerró un ojo y se fue riéndose. ¡Esa sorpresa fue la mejor que el
recibiera! En cuanto sus ojos se vieron hubo químicas instantánea y no había
forma de regresar, fue el punto de no regresar. Él inmediatamente le extendió
su mano y se quedaron así por un buen tiempo sin decir una palabra hasta
que él le preguntó en que le podía ayudar. Sus ojos se empezaron a llenar de
lagrimas y rodaron en su cara. Ya no le importaba que él los viera caer. Él
estaba sin poder hablar y le pasó su pañuelo para que se secara las lagrimas.
Ella empezó a sollozar incontrolable. Eso le rompió el corazón a él y lo que
pudo hacer fue abrazarla y dejar que ella terminara de llorar en sus brazos.
Él estaba enamorado y en ese momento ella estaba en sus brazos y ella se
sentía tan enamorada en los brazos del hombre que ella amaba. Ella no quería
romper el abrazo. Después de unos minutos ella se recuperó y se separó de
él lentamente. Él la guió a una silla y tomó asiento junto a ella. "Por favor
dime que es lo que te trajo esta vez porque la última vez me dejaste sufriendo
mucho viéndote cuánto estabas sufriendo . Yo deseaba haber podido quitarte
tu dolor y no dejar que sufrieras más." ¿Cómo podía él ser tan amoroso conmigo después de lo que le hice? Ella estuvo totalmente sorprendida con su
respuesta. Ella se calmó lo suficiente para poder hablar. Él le trajo una botella
con agua fría que ella tomó y esa agua era la mejor agua que ella jamás había
tomado. Ella le dio, "Quiero decirte que estoy muy arrepentida por lo que té
hice. Tengo que disculparme contigo por que te lastimé mucho. Estoy muy

perdida y no se como compensarte. Por favor dime que puedo hacer por ti para alivianar el dolor que te cause? Yo hablé con las personas y te quieren mucho por lo que has hecho por sus hijos." Él puso su dedo en los labios de ella y en los de sus labios también para parar el suplico de ella. Él le dijo, "Tú no tienes que hacer nada para ayudarme. Con los que tienes que hablar son con las víctimas. Por favor camina conmigo y yo reuniré a mis pequeños." Ahora ella comprendió muy bien que gran hombre él era. Ella lo siguió a un cuarto más grande que un salón de clases. Él reunió a los chicos a través del intercom y las sillas se formaron en un círculo. Ella ocupó una silla y ellos esperaron a que llegaran los muchachos lo cual lo hicieron muy pronto. Todos entraron muy disciplinados y tomaron sus asientos vestidos con sus flamantes uniformes de la escuela. Ella estaba muy sorprendida de ver tanta cara tan feliz. Él le habló al grupo. Les explico que tenían que escuchar a la señorita Rose y que él tenia que atender algo en su oficina. Él le dirigió la palabra a ella, "Miss Roses usted está aquí por ellos no por mí, por favor sea muy honesta con ellos y ellos le responderán." Él salió del cuarto y fue a su oficina. Ella no sabia como empezar. Uno de los chicos le dijo que ella estaba bienvenida aquí y que no tuviera miedo de hablar con ellos. Ella dijo, "Necesito pedirles que me perdonen por no haber estado ahi en la escuela cuando fueron abusados física y mentalmente. ¿Yo desearía poder quitarles el dolor, pero no tengo el poder así es que mi único modo es de preguntarles como les puedo ayudar?" Todos en una voz dijeron, "¡Miss Rose te queremos y te perdonamos!" Ella comenzó a llorar y un chico le trajo una caja de Kleenex para que se quitara las lagrimas. Un chico con una sonrisa muy picara dijo, "¡Señorita Rose aquí todos estamos de acuerdo que lo único que puedes darnos es que te cases con él y lo hagas muy feliz! ¡Él ha hecho tanto por todos nosotros que tú serias el mejor regalo para él, y nosotros creemos que él tiene sentimientos muy bellos para usted también!" Todos comenzaron a gritar y a reírse lo cual el ruido salió al pasillo también. Ella se reunió a la risa de grupo también. Ella nunca había estado tan feliz en su vida como en ese momento. Entonces tomaron sus asientos y la reunión se volvió más seria. Uno de los lideres se puso de pie y le dirigió la palabra, "Señorita Rose en nuestras vidas nadie que no sea nuestros padres nos habían enseñado a ser grandes estudiantes, jugadores de soccer y la cosa más poderosa que él nos ha enseñado es el poder de PERDONAR a nuestros peores enemigos. Usted no es nuestro enemigo, pero usted estaba mal informada porque la administración criminal cubrían las cosas que los maestros no sabían que estaban pasando." Eso lo que dijo el líder le trajo aún más lagrimas no de tristeza pero de felicidad y amor. ¿Cómo puede ser un hombre tan grande? Yo no creo que lo merezco. ¿Qué yo he hecho para ayudar a otros? Señorita Rose la invitamos para que nos visite frecuentemente para compartir nuestros éxitos con nosotros." "¡Yo estaré muy contenta de visitarlos escuincles traviesos!" Un chico salió para avisarle que habían terminado y que todos estaban muy contentos. Él entró sonriendo buscando los ojos de ella. Cuando los ojos se vieron chispas salieron volando. Caminaron a su oficina y empezaron a hablar de la escuela. "Hoy resigne mi posición cuando hablé con el director." Él sorprendido le respondió, "¿Por qué resignaste tu posición?" Ella le respondió, "Lo hice por ti." Lo hizo muy segura de si misma. A ella no le importaba si él se diera cuenta como ella sentía por él. Él la admiró con toda su belleza en frente de él. Él podía crear una posición para ella en la escuela. "¿Rose, cómo te gustaría trabajar para nuestra escuela? Tú eres una gran sicóloga según con los padres que yo platique y nosotros estaríamos muy horados teniéndote aquí. Yo consultaré con los directivos para que te acepten. Regrésame la aplicación y estoy muy confiado en que te van a aceptar. Por favor indica cual fue tu salario y beneficios." Le dio la aplicación. Él no quería hacerle saber de la gran fortuna que él tenía todavía. Cuando ella tomó el papel instintivamente lo abrazó y le dio un beso en la misma mejilla. Él casi se desvaneció con el impacto y casi de desplomaba al piso. Se quedó mudo. Ella salió de su oficina sonriendo muy contenta por que lo había besado. ¡Pobre tonta que no se daba cuenta que lo había besado antes para SALVARLE SU VIDA! Ella sintió que la mano de Dios tenía algo que ver en esto. Ella oró muy contenta caminando y cuando entró a su casa su madre fue sorprendida felizmente. "¿Por qué estas tan contenta?" La madre le preguntó. Rose le dijo, "No vas a creer lo que nos pasó a los dos." Ella le explico que tan fantástico él era. Él la sorprendía cada vez que ella estaba con el. Él había creado una escuela fantástica. Ella le dijo a su madre que había resignado su posición en la escuela y por qué. Pero lo mejor fue que él le ofreció una posición en la escuela y alumnos fantásticos. Su madre noto que no le estaba diciendo todo lo qué pasó. Finalmente Rose le dijo que lo había besado en la mejilla y que él la consoló en sus brazos y el beso fue para darle las gracias por que besó al hombre que ella finalmente amaba. Su madre la abrazó. La madre imploró, "¡Yo quiero conocer a Superman!" Ambas se rieron y para celebrar se fueron de compras.

Él se había quedado tocando su mejilla por varios minutos. Los labios de ella tenian el poder de dar vida y se la imaginó besando a su bebé. Ahora él la tendría muy cerca y nadie se metería en su camino. Al siguiente día regresó Rose con sus padres y el hermano también. Ella traía la aplicación. Se conocieron y intercambiaron platica leve. La madre estuvo muy impresionada con la belleza de los jardines, los salones y que pocos alumnos cada maestro tenía además del gran estadio de soccer que se estaba construyendo. Él leyó en su información que estaba ganando $80,000 con beneficios. Inmediatamente él autorizo $200,000 con beneficios. Toda la familia gritó, "¿Que?" Cuando vieron los números. La madre luego le preguntó por qué ella iba a ganar tal cantidad con beneficios. Él se reclinó en su silla confiado y le dijo qué él personalmente seleccionaba a toda la facultad y que ganaban el doble de lo que una escuela publica les pagaba. "Yo quiero la mejor facultad para mis pequeños y estoy dispuesto a invertir en la educación y por eso los directores me han autorizado a conseguir lo mejor para tener los mejores resultados." El padre le dijo, "Usted ha hecho a mi hija muy feliz y no tengo palabras para agradecértelo." Se saludaron y los invitó para que visitaran los salones y los jardines los cuales los impresionaron muchísimo con lo que él había logrado. La madre siendo madre lo sorprendió preguntándole que si estaba casado. Sorprendido se sonrojó y sonrió. "No he tenido el privilegió de tener una linda mujercita como mi esposa. ¡Yo estoy buscando esa mujer especial para que sea un día la madre de mis hijos, no hijo!" Todos soltaron la carcajada y ella solo sonrió. Rose sintió que él le estaba mandando un mensaje y puso ambas manos sobre su vientre soñando del día que ella le daría ese placer. En el viaje de regreso a casa su hermano le dijo que ese hombre era perfecto para ella y que ahora no se podía escapar. Fue el mejor viaje a casa para todos. Su madre empezó a hacer planes para que él no se escapara. Una madre determinada es imposible de derrotar. Rose solamente soñaba acerca del bebé de ellos. ¡Que mensaje tan hermoso él le había mandado!

Días después él le llamó a sus abogados y les dio instrucciones para que investigaran toda la deuda que la familia tenía para que la pagaran. Les ordenó que mantuvieran esto muy confidencial. En cuanto terminaran este asunto serían compensados sustancialmente. Se pusieron a investigar y descubrieron la duda de colegio que era $250,000, la hipoteca de la casa $450,000, cuatro deudas de carros $125,000 y las tarjetas de crédito con dudas de tiendas $85,000. El padre había estado muy estresado últimamente con todos los pagos de deudas y comenzó a afectarle a toda la familia. Sus ganancias no eran suficientes para hacer todos los pagos y no sabían que hacer. Noche tras noche ellos se sentaban en la mesa pensando de formas para resolver los problemas. Una noche alguien tocó a la puerta mientras estaban discutiendo de los pagos de las deudas. El padre abrió la puerta y para su sorpresa vio a un abogado con su portafolio de pie. El rostro del padre palideció asustado pensando que era un colector de pagos porque el había estado tarde con algunos de sus pagos. El abogado le aseguró que no era un colector de pagos pero que les traía muy buenas noticias a ellos. "¿Me permite pasar porque aquí afuera es difícil darle los documentos que han pagado todas las deudas?" Le tomó un par de minutos al padre para reaccionar. Se disculpó con el abogado y lo invitó a sentarse en la mesa con ellos. El abogado continuó sacando los papeles de su portafolio que todas las deudas la había pagado el abogado. Les informó, "¡Estoy aquí para informarles que toda sus deudas han sido pagadas y ahora están libres de deudas!" El padre no le creía y dijo, "Es esto una broma enferma o algo parecido, por favor no nos haga esto porque estamos muy estresados y no tenemos tiempo para bromas como la que nos presenta." El abogado sonrió y le dio su tarjeta de negocios. Les explico que hay una persona que debe de permanecer anónima por el momento y pagó toda sus deudas. Les dijo que había hecho cosas parecidas y no quería que se supiera el nombre. Su nombre lo van a conocer a su debido tiempo. Les tomó unos minutos para reaccionar llorando y dandole las gracias y al angel   que vino a su ayuda. "¿Pero cómo esa persona se da cuenta de nuestro problema?" La madre le preguntó. El abogado les dijo que eran una familia que lo merecía y tenia los recursos para hacer eso. El angel había sido bendecido y quería bendecir a otros. Les dijo que traía una enorme cantidad de felicidad sabiendo que eran felices y que lo pasaran para ayudar a otros también. La madre y toda la familia abrazaron al abogado y lo invitaron a compartir la cena con él. Él aceptó y continuaron haciéndole preguntas. Él no iba soltar la lengua. Él les mencionó que estaba siendo recompensado por mantener el secreto. El abogado sonrió y les dijo que tenía más buenas noticias para ellos. "¿Qué?" ¡Todos gritaron! Él sacó un sobre y se lo dio al padre. Él dio instrucciones de no abrir el sobre en una hora después que se había ido! "¡NOOOOO!" Fue la respuesta inmediata, pero aceptaron la instrucción. El grupo estaba de buen humor muy feliz y el abogado se reía de los chistes que hicieron una noche fantástica. "La mayoría de las personas tienen una muy mala experiencia con los abogados. ¡Mi trabajo es traer buenas noticias a personas y muchas veces comparto comida con familias muy felices como la de ustedes y esa persona tiene un sentimiento muy especial para esta familia!" Cuando el abogado salió todos tenían la misma pregunta, "¿Como puede ser?" Era la pregunta que todos tenían. ¡Todos seguían mirando al reloj que se movía tan despacio! Cuando la hora pasó sonó el teléfono y Rose lo contestó. El abogado llamó para hacerles saber que la hora había pasado y que estaba muy contento haciendo este trabajo tan positivo. "¡Por favor ábranlo y les deseamos que lo gocen!" El padre solo miraba al regalo sin abrirlo. Entonces dijo, "Primero debemos de decir una oración y darle gracias a Dios por el angel que nos mando esta noche, por un tiempo yo había dudado de Dios y estaba muy deprimido y no sabía que hacer con nuestra situación." Todos comenzaron a orar con los ojos cerrados y llorando de felicidad. La madre fue la primera en abrir el sobre y tenia tres cheques con una nota en manuscrita. Ella leyó la nota y comenzó a llorar de nuevo. ¡La nota fue leída por todos y casi se olvidaron de los cheques! ¡El padre y la madre recibieron $1,000,000 el hermano $250,000 y Rose $2,000,000! Ellos estaban totalmente sorprendidos y no podían creer que es lo que les había pasado a ellos. ¿Quién sería tan loco como para hacer esto por nosotros?

Empezaron a platicar quién podría ser el ángel y no conocían a nadie que fuera rico mucho menos super rico para poder hacer esto.

A la siguiente mañana se reunió con los abogados y lo celebraron. ¡Les dio sus bonos que eran el doble de lo que les había prometido! Él abrió una botella muy cara de vino para compartir con ellos su felicidad. "Deben de estar preguntándose porque estoy haciendo esto, pero es un secreto que sera divulgado en una fecha muy especial cuando se gradúen los chicos de la escuela y vamos a tener una gran ceremonia a la cual serán invitados. ¡Nadie sabe my secreto que me dio tanta vida!" Por poco decía su secreto.

Cuando los felices abogados se fueron se sentó y gozó su vaso de vino pensando acerca de Rose que ahora dominaba sus pensamientos al igual que Rose solo pensaba de él. Su sonrisa se fue de su rostro pensando que no estaba totalmente bien mentalmente después del trauma de guerra, pero estaba mejorando su condición. Levantó el teléfono y le llamo a sus padres. Él no les abría llamado por mucho tiempo y su madre estaba muy feliz de escucharlo. Hablaron por horas y el compartió su felicidad y el éxito de la escuela y también había una persona muy especial en su vida que so sabía todavía sus sentimientos por ella. Él recompensó a sus abogados por lo que hicieron por él y no iban a divulgar esa persona especial. En esa fecha especial todos iban a conocer su secreto. Su familia quería conocer la escuela, su éxito y esperaban conocerla también. La única que tenía más preguntas era su hermana que siempre lo protegía como una madre. Ella era la que él tenia que tener más cuidado con su secreto. Él sabía que a Rose la iban a querer mucho por lo que hizo para salvarle la vida. Él solo suspiró y soñó del día que Rose sería su esposa. Se arrodilló y empezó a rezar en voz alta con emoción y comenzó a llorar por lo que Dios le había traído.

7

DISCIPLINA

Su entrenamiento militar se basaba en disciplina. Él sabía muy bien que todas las personas exitosas eran muy disciplinados para lograr sus mentas en todos los aspectos de sus vidas. Los muchachos comenzaron a entender lo que él quería decir porque todas sus vidas estaban mejorando en todas las areas de sus vidas. Ellos recordaban cuando tenian que levantarse temprano en la mañana y era lo más difícil que ellos tenían que aguantar, pero con practica ellos hicieron levantarse temprano un hábito y ninguno de ellos tenia que poner la alarma para levantarse temprano. Los padres estaban muy sorprendidos que sus dormilones que se quedaban durmiendo muy tarde hasta casi las frescas de las12 y ahora se estaban levantando muy temprano antes que ellos y lo mas sorprendente es que no se quejaban. Ellos se reunían a las cinco de la mañana para hacer ejercicios con él y empezaron a correr cortas distancias las cuales las fueron aumentando lentamente hasta que llegaran a estar en condición física apropiada. Práctica no los hace perfectos, él solía decirles practica perfecta lo hace y por eso soy tan duro con ustedes "escuincles" para que aprendan como correr, ponerse los calcetines y usar la ropa apropiada para hacer ejercicios. Yo me voy a poner mucho más duro con ustedes para ayudarles a llegar a donde ustedes solamente soñaban. Sus maestros de la escuela publica no les pedían que lo hicieran mejor y ustedes se conformaban con ser mediocres como la mayoría de personas en este país. Yo desearía que ustedes pudieran ver niños más chicos que ustedes trabajan extremadamente duro para mantener a sus familias porque a sus padres los habían matado. Ellos estaban muy callados amando cada palabra que él les decía y la mayoría tomaba notas y realizando lo afortunados que eran porque no tenían que vivir en países donde hay guerra. Hasta hoy los chicos daban de hecho todo sin agradecerle a sus padres por la abundancia que ellos tenían en sus casas con la presencia de ambos padres viviendo en casas limpias con todas las comodidades de este país. Ellos empezaron a apreciar más a sus padres, sus vidas y a sus familias. Después de practicas ellos regresaban a casa para bañarse, desayunar y salir a tiempo para la escuela. Los uniformes estaban muy bien planchados y limpios porque los lideres los inspecciona-ban. Sus zapatos estaban muy bien boleados y brillantes como él les había enseñado a bolear los con saliva para darles más brillo. Tu presentación habla volúmenes de ti así es que no te dañes tú mismo. Ellos nunca llegaban tarde, era uno de los peores CRÍMENES en esta escuela. "¿Quién crees que tú eres? Estas insultando a la persona que te está esperando." Debes de tener control del tiempo. Escribe tus prioridades y organiza tus útiles la noche anterior para el siguiente día. Tu espacio tiene que estar organizado. Deshacerte de las cosas inútiles porque te hacen perder tiempo. Siempre agradécele a tus padres y ora seguido pidiéndole sabiduría a Dios no cosas materiales o una novia bonita porque nosotros te la vamos a asignar cuando se gradúen de la escuela no antes. Ellos siempre se reían de algo tan simpático. Antes de ir a la cama aprendan cómo meditar para relajar el cuerpo y limpiar la mente de pensamientos negativos. Él les enseño como estudiar y aprender el material al máximo. El les mencionó que la mayoría de los estudiantes leen el material una o dos veces y no practican hasta que dominan el material. Por eso es que los separamos en grupos de cuatro por maestro para que se ayuden a apren-der las lecciones al nivel más elevado. Ellos tenían que examinarse uno a otro para revisar si estaban aprendiendo al nivel más alto. Ellos se dieron cuenta que fácil era cuando ellos aplicaban las destrezas que él les había enseñado.

Después de ocho horas de entrenamiento académico se cambiaron sus uniformes por la ropa para practicar el soccer. Los detalles fueron revisados por el capitán del equipo y la disciplina reinaba en todas las practicas. Todos los chicos aprendieron como jugar la defensa primero. Estar en la posición correcta era la destreza más importante en el juego. Ellos aprendieron movidas avanzadas para despojar al contrario del balón, dirigir la pelota con la frente, usar el pecho, las rodillas, los pies para controlar la pelota y localizar a un compañero que no lo estaban marcando un contrario para pasarle la pelota. Aprendieron a jugar la posición del medio campo que él dijo que era la posición más importante porque ahi se controlaba el juego y el resultado en la mayoría de los partidos. Él se enfocó y practicó a todos hasta que habían dominado las posiciones, y movimientos con la pelota y sin la pelota. Él dirigía el juego para poder controlar la pelota pasándola no driblandola. Una pelota rodando es más rápida que todos ustedes. Es la mejor forma de controlar la pelota y tener mejores oportunidades de ganar el juego. La última cosa que él les enseño fue a anotar goles. Ellos practicaron pateando la pelota con ambas piernas. Ellos practicaban hasta las ocho y se iban a casa para bañarse, cenar y después hacer la tarea y estudiar hasta muy tarde. Al principio algunos padres se empezaron a preocupar con eso. Él tenía secciones para los padres entendieran el entrenamiento difícil. Él los estaba preparando para la vida académica donde iban a perder mucho sueño. La mayoría de los padres nunca habían ido al colegio y no entendían cuánto se tenía que estudiar todos los días. Ellos lentamente estuvieron de acuerdo con su filosofía especialmente cuando vieron los resultados en sus hijos. Los muchachos lo adoraban y siempre lo defendían cuando los padres se quejaban por lo duro que era con sus hijos. Los muchachos siempre respondían, "¿Quieres a un hijo mediocre?" Cuando pasó el tiempo ellos empezaron a brillar en todas las areas. Los vecinos siempre felicitaban a los padres por el comportamiento de sus hijos. Él sabía que tenia que tener amor duro porque la vida es muy dura para los individuos que no estaban preparados. Su entrenamiento era para la vida en sí no para el mundo académico. Él estaba desarrollando la primera clase de su gran creación. ¡Yo quiero a estos chicos! Lo mejor de mí para ellos. Él empezó a pensar en tener niñas en su escuela también pero él no entendía a niñas y sería un fracaso además Dios y su madre no habían creado fracasos así es que dejo de pensar en eso por el momento.

Lo académico, el equipo y su desarrollo estaban avanzando mucho mejor de lo que él había planeado. ¿Por qué no enseñarles educación financiera y disciplina para crear millonarios? Ellos lo necesitaban, como un día su padre lo había empezado a invertir y mira ahora lo que he logrado. Él planeó una junta general para introducir educación financiera para los muchachos y los padres. Todo estuvieron muy emocionados en aprender acerca de dinero. Unos días después él comenzó las lecciones. La primera lección fue en enséñales como la gente gana dinero. Todos en asistencia tenían la idea de que solo había una forma de ganar dinero y que era trabajar muy duro y ahorrar dinero. Él solo movía su cabeza para deciles "¡No!". Él les explicó que las grandes fortunas se adquirían poniendo muy buenos trabajadores y el dinero a trabajar para ellos. Todos estaban azorados en su sabiduría. Nadie les había enseñado educación financiera. Las lecciones fueron intensas y muy efectivas. Los padres empezaron a anotar ideas para desarrollarlas después. Pero los que se beneficiarían más eran los muchachos porque eran más jóvenes. Todos empezaron a invertir en fondos mutuos, la forma más simple, extremada y muy efectiva en 10 años o más. Compartiendo su sabiduría era muy emocional para él debido a que su padre le había comenzado a enseñar cuando él era de edad muy joven. De nuevo les mencionó que para llegar a ser ricos tenían que ser disciplinados con consistencia.

Ellos vieron que la regla del 72 indicaba en cuántos años su inversión se doblaría de valor y del otro lado de la moneda una deuda se doblaría también en cuantos años. Él era un enemigo de las deudas y estresaba lo malvado de las deudas para esclavizados por el resto de nuestras vidas para las instituciones que hacen préstamos. Todos estaban muy agradecidos por lo que él había hecho para ellos. Muy pronto ellos comenzaron a jugarle al Cupido y presentarle a una de tantas prospectas que él podía escoger y formar su familia, pero él siempre cambiaba el tema sin ser grosero. Todo su mundo era Rose, la única mujer que él se casaría en tiempo.

8

EL ESTADIO NUEVO

Desde su idea a la construcción actúa de su sueño empezaba a convertirse en realidad y el equipo estaba muy emocionado para jugar ahi por primera vez. Él le empezó a dar más atención al desarrollo de la construcción. Él tenía reuniones frequenters con el equipo de construcción. El estadio se estaba formando en una realidad hermosa y el comenzó a planear juegos, atraer buscadores de talento y entrenadores de diferentes areas. La fecha para completar el estadio estaba proyectada para dos meses y había mucha gente muy ocupada en la construcción. Muchas trocas venían y traían materiales que se necesitaban. Él no le había permitido al equipo visitar el lugar todavía. Ellos cortarían el cordón cuando estuviera listo para que ellos demostraran su éxito en el juego como uno de los mejores equipos que jamás fue creado. Los nuevos uniformes se ordenaron y las invitaciones se enviaron a huéspedes especiales. Él no les había mencionado a los jugadores que él había invitado a buscadores de talento de equipos europeos y otras areas donde el soccer era rey. Él also invitó representantes de la FIFA, la organización que controlaba el juego alrededor del mundo y tenía las conexiones para organizar juegos en varias ciudades alrededor del mundo. Iba a ser una gran sorpresa para sus chicos. Eso era el motivo por el cual él era tan duro en las practicas cuando los entrenaba. Ellos eran todo negocio y no desperdiciaban nada de tiempo. Las practicas solo mejoraban a todo el equipo. La fecha se estaba acercando my rápido. Los cimientos del estadio estaban muy fuertes en caso de cualquier desastre. Los asientos eran como de los mejores estadios en el mundo. Él recibió muchas felicitaciones por el trabajo de arte de tal estadio tan hermoso. Los vestidores tenían el equipo más moderno ademas el cuarto médico tenía los instrumentos y aparatos mas modernos para ayudar al equipo medico a tratar cualquier situación medica. En otra palabras los lastimados no tenían que ir a un hospital para ser tratados. Él tenía un equipo medico listo para entrar en acción a cualquier momento. El equipo de seguridad era de primera clase con la tecnología más avanzada para proteger a todo el estadio.

El día esperado finalmente llego y todo el equipo de construcción tuvieron una gran celebración porque ellos sabían que habían construido un gran estadio y lo había terminado antes de la fecha proyectada. Él estaba tan contento con ellos que les otorgó cheques muy grandes para compartir su emoción con ellos. Cuando ellos terminaron su celebración entonces fue el turno de los muchachos y los padres con toda la facultad para que tuvieran su celebración. Mesas muy grandes fueron colocadas en el centro del campo para tener un banquete y poder tomar fotos alrededor del estadio muriéndose por poder finalmente jugar en este hermoso lugar.

Rose no lo interrumpió y le permitió que gozara su gran éxito con su equipo, pero cuando se veían no había necesidad de palabras. Ambos eran parte del éxito de la escuela y los hizo gozar esto aún más. Ella continúo pensando que pronto él iba a ser todo para ella nomas. No había necesidad de apresurarse. Pero ella como los jugadores estaba pensando que el día que se casaría estaba tomando mucho tiempo. Él le leyó la mente y estuvo de acuerdo con ella. Él cómo el equipo estaba esperando ese día que se iba a casar con Rose.

¡Cuando los muchachos entraron a su propio cuarto de vestidores vieron que tan fantástico era! Lo que les llamo la atención inmediatamente fueron los uniformes nuevos que tenían sus nombres y números, los calcetines con zapatos de fútbol nuevos estaban ahí. Los lockers tenían sus nombres. La mayoría de los chicos lloraron y lo abrazaron. Él había creado el cielo en la tierra para ellos. Les anunció que su primer juego sería el próximo sábado con un equipo de Europa para inaugurar el estadio con un gran partido. Los muchachos tenían muchos problemas en poder dormirse antes del juego ese sábado. Él no les mencionó de todas las personas que el había invitado incluyendo reporteros de periódicos importantes y reporteros de televisión no solo de America pero también de otros países alrededor del mundo. Esas personas estaban muy interesados en presenciar al equipo y también al gran estadio nuevo que era mucho mejor que otros para equipos profesionales de otros países alrededor del mundo. La escuela comenzó a ganar reconocimiento en otros países y empezaron a tener interés en tener una relación con él y su equipo. Cuando esas personas se dieron cuenta del éxito académico de la escuela se mostraron mucho muy interesados en traer estudiantes para que tuvieran la mejor educación y el entrenamiento. Su teléfono comenzó a sonar muy seguido con preguntas acerca de la escuela. Su escuela iba a tener un crecimiento exponencial con los mejores estudiantes de otros paises. Él empezó a hacer planes para una expansión mayor y también a contratar cazadores de talento para localizar los mejores maestros y la facultad para poder cumplir con las demandas que traerían tantos alumnos a la escuela.

La fecha del juego finalmente llegó. Todos los de la escuela llegaron muy temprano. ¡El equipo fue directamente al cuarto de lockers y cuando abrieron la puerta su emoción se turno en un temor silencioso! El cuarto estaba inmaculado con limpieza en todo con todo el equipo que aún equipos profesionales lo desearían tener. La vista más impresionante fue ver a los hermosos uniformes nuevos con el logo de la escuela en la parte izquierda del pecho de la camiseta, los números y los nombres en la espalda, el color de los shorts hacía juego con las camisetas, las medias enseñaban el nombre del equipo con los colores de la escuela que fueron creados profesionalmente y obviamente muy caros también. En el closet tenían cuatro diferentes uniformes esperándolos para ser usados con orgullo representando no solamente ellos mismos, pero la escuela, sus familias y el pueblo. Ellos estaban muy inseguros de poder tocar algo y cada uno de ellos se sentó en su asiento en frente de cada uno de sus lockers que tenían su nombres en una placa en la parte superior de la puerta de su locker. Todos estaban muy callados y entoces él entro al cuarto sonriendo de oreja a oreja tan orgulloso. Y les dijo, "¿Hola escuincles, cómo les gusta su cuarto de lockers?" Todos gritaron con mucha felicidad. Entonces él dijo, "El estadio se está llenando muy rápido y de ustedes depende demuestren que tan gran equipo han creado, porque no vamos a desilusionar a esas personas que tomaron tiempo de su día ocupado para venir a verlos jugar." El capitán del equipo le aseguró que todos los jugadores lo iban a sentirse muy orgulloso como entrenador porque merecía el mejor juego de cada uno de ellos.

Les dieron instrucciones de salir y conocer a los jugadores del otro equipo y darles las gracias por venir a su estadio y que iban a jugar un partido muy limpio para que ambos equipos gozaran el estadio nuevo y que deberían regresar para jugar y más que nada para ganarle al otro equipo.

Los jugadores visitantes verdaderamente apreciaron tal bienvenida al hermoso estadio.

Todos los jugadores en el campo estuvieron muy impresionados con el pasto en perfectas condiciones y las líneas estaban marcadas perfectamente. Lo árbitros también hicieron comentarios muy impresionados por las condiciones del estadio y especialmente el campo.

Ambos equipos se alinearon para comenzar el partido y el árbitro sonó el silbato para comenzar el juego. El equipo estaba tan bien preparado que el equipo visitante tenía muy pocas oportunidades de tener la pelota o ni siquiera encontrar a un compañero desmarcado para pasarle la pelota porque la defensa estaba siempre en una posición para defender al portero. Su habilidad de mover la pelota asombró a todos en el estadio, pero los reclutadores y entrenadores estaban aún mucho mas impresionados con la habilidad que solo jugadores profesionales demostraban. Los goles empezaron a caer sistemáticamente y el otro equipo no podía hacer nada debido a los pases perfectos y los que los anotaban estaban en una posición perfecta para anotarlos fácilmente. Al medio tiempo tendrían una sorpresa. Desde el momento que habían anotado 12 goles los entrenadores decidieron mezclar los equipos para terminar el juego y tener un tiempo fantástico compartiendo la pelota con jugadores del otro equipo. Todos se divirtieron muchísimo y olvidaron el resultado final. Lo más importante era hacer que el equipo visitante se sintieran muy bien haberles jugado. El otro entrenador estuvo muy agradecido y les dio las gracias por la educación de destrezas, juego de equipo, entrenamiento y los más importante era la actitud tan positiva que demostraron. Cuando el partido terminó todos en el estadio les dieron una ovación! Los invitados esperaron al final del juego para reunirse con ellos. Eran reclutadores de equipos profesionales, entrenadores y miembros de FIFA, la organización que controlaba todas las ligas de fútbol profesional alrededor del mundo. Ellos se reunieron y felicitaron a los jugadores. Los reclutadores les dijeron que cuando se graduaran de la escuela había un futuro para ellos en sus equipos. Ellos nunca habían presenciado a todo un equipo jugar al nivel más elevado. Los representantes de FIFA hablaron con él para planear juegos contra equipos semiprofesionales y jugar en los estadios más famosos en el mundo antes de los juegos principales. Sería la experiencia más importante para todos en la escuela porque irían y todos los gastos serian cubiertos.

Rose se acerco a él para felicitarlo. Sus ojos llenos de amor y admiración por él. Oh como soñaban ella de estar entre sus brazos. Sus ojos se reunieron con los de ella y tubo miedo de abrir sus sentimientos. Él tubo que ver en otra dirección para que ella no descubrirá su amor por ella. Él tenía que hablar con ella para que preparara su pasaporte. Ella se sorprendió, "¿Por que tengo que tener mi pasaporte listo?" Él no le dijo porque y solo mencionó que iba ser una sorpresa muy hermosa que ella merecía. Ella exclamó, "¡Oiga señor, usted está lleno de sorpresas!" Con una sonrisa ella salió de la oficina y se volteó solo para verle la cara y los ojos esperando atraparlo y a sus secretos. Ella sonrió y sus ojos llenos de amor capturaron los de él. Esto está muy cerca para mi comodidad, él pensó. Es mejor que tenga mucho cuidado con mis sentimientos hasta que sea el momento. Él se levantó rápidamente y corrió detrás de ella. La alcanzó y puso su mano sobre el hombro de ella y suavemente la volteó. Él desesperadamente quería abrazarla y besarla, pero tenía mucho miedo y se disculpó, "¡Perdóneme! Ella estaba agradablemente sorprendida. Era la primera vez que ella había sentido la mano de él en su cuerpo. Chispas volaron de los ojos de ambos. "Se me había olvidado decirte que notificaras a los padres y a los muchachos que tengan sus pasaportes listos también." Ella muy sorprendida le respondió, "¡Qué plan tan diabólico tienes en mente, qué no estás satisfecho con el éxito tan increíble que has logrado sin que nadie te haya ayudado. Ahora comprendo muy bien por qué los chicos te quieren tanto! "¡Me gustaría mucho un hombre como tú para que sea el padre de mis hijos!" ¡Eso casi lo tumba! "¡Rose, y a mi me gustaría muchísimo conocer a alguien exactamente como tú para que sea la madre de mis hijos!" Ella se sonrojó porque se había expuesto. Entonces él finalmente tubo el valor para abrirse también. "Tú eres una mujer y yo estoy mejorando después de luchar contra una condición mental muy mala, tu presencia en la escuela me está ayudándome a mejorar cada día. Tú eres una persona que yo necesito a mi lado para completar mi restablecimiento. Yo compartiré mi secreto contigo y mi familia. Por favor dame un poco de tiempo para hacer algo acerca de nuestras vidas." Sus ojos se empezaron a llenar de lagrimas y Rose se acerco a él y le detuvo su mano en la de ella. Ella saco un Kleenex de su bolsa y le seco sus lagrimas. Ahora era tiempo para que ella se abriera también. Este era el momento que ella deseaba tanto. "Yo te odiaba muchísimo y mi madre siendo una mujer muy sabia me dijo que yo te amaba mucho y por eso ese odio tan grande salió de mí. Yo nunca he conocido a un hombre que sea tan grande como tú. Yo te esperaré y por favor permíteme estar muy cerca de ti para que te ayude a mejorar para hacer algo para que tu seas papá!" Llorando y riéndose ambos sintieron un gran alivio de ya no tener miedo de demostrar el amor que sentían el uno por el otro. Él le dijo, "Tengo que ver a tus padres para hablarles de nuestros sentimientos." Ella estaba tan feliz caminando lentamente hacía él para abrazarlo y besarlo con pasión y amor. Él respondió con amor muy tierno y tubo mucho miedo de ir más allá de un beso. El quería tener sexo con ella pero cuando fuera su esposa. Iba a ser muy difícil esperar, pero él quería hacer de su noche de bodas la noche más especial para la vida de ella. Él comprendía el consejo de su padre. Cuando las parejas empiezan a involucrarse sexualmente antes del matrimonio ambos pierden respeto de sus cuerpos, hace la relación muy barata, crea vergüenza y resentimiento. En demasiados casos los lleva a matar al bebé para corregir el error. En algunos casos las enfermedades se riegan entre las personas. Si, el sexo es la forma más bella de comunicarse entre un hombre y una mujer en su noche de bodas cuando sus cuerpos se conocen. "Rose, yo quiero comenzar siendo amigos primero para llegar a conocernos lentamente y profundamente. Una relación siempre fracasa cuando las personas no se conocen muy bien. Todas mis generaciones anteriores nunca se han divorciado porque ellos empezaron la relación como amigos para conocerse muy bien. Yo quiero construir un fundamento muy solido contigo. Yo tengo mucho miedo perderte por hacer algo muy estupido en nuestra relación. Mi compromiso contigo es de por vida. Yo no conoscó de otra manera si eso es importante, y tú eres mi prioridad en mi vida. ¿Quiero saber si tú estas dispuesta a comprometerte de por vida conmigo?" Ella no esperaba un modo de pensar tan fuerte y que la hacia sentirse muy segura de él. Tantos hombres embarazan a las mujeres y después las abandonan. Ella respondió muy enamorada, "Yo te amo también y deseo de todo corazón comprometerme de por vida contigo. Me estas enseñado algo muy poderoso y sabio. ¿De donde lo aprendiste?" Él sonriendo muy pícaramente le dijo, "Cuándo te diga mi secreto vas a saber por que. Pero yo lo obtuve de mi padre y de su padre y así por otras generaciones. No existen divorcios en mi familia porque se respetan y se han comprometido de por vida."

Unos días después les hizo saber a todos que él tenia que hacer un viaje de negocios y que le tomaría unas semanas y cuando él regresara del viaje se iría con ellos al viaje. Rose estaba muy triste por qué él tenía que ir de viaje de negocios, pero ella entendía y le tenía confianza. Pero lo que no les dijo a todos era el motivo de su viaje. Él fue a ver los lugares que ellos iban a visitar y a hace conocidos en varias ciudades. Él también hizo arreglos para ir a la opera, conciertos, ballet y la sorpresa era que el los iba a llevar a ver un campeonato de baile latino para estimular las hormonas al ver las bellas mujeres en vestidos muy sexuales bailando con hombres muy guapos al ritmo de canciones muy alegres, románticas y lo más importante era lo sensual.

9

EL EQUIPO DE SOCCER VIAJA

Él tubo una reunion general con toda la facultad, los estudiantes, los padres
y la persona más importante, Rose. Él empezó diciendo, "¡Hola todo mundo!
¿Estan listos para una gran sorpresa que les volará la mente por todos lados?"
Rose estaba que se moria de curiosidad para saber que se traía él. Todos
estaban muy interesados para saber también. Él les dijo, "¿Escúchenme con
mucho cuidado y no me interrumpan con preguntas hasta que termine, es
un trato?" Todos gritaron, "¡Si!" Él continuó, "¿Por qué te pedí Rose que
prepararas tu pasaporte?" Ella no sabía y solo movió la cabeza. Entonces él
preguntó, "¿Alguien me puede decir porque tienen que tener su pasaporte
listo?" Uno de los alumnos levantó su mano y contesto con mucha confianza,

"Nos vas a llevar a otro país." Él le respondió, "¡Cercas, pero no muy
cercas! ¿Qué nadie tiene imaginación?" Todos se rieron. "¿Damas y caballeros
están listos para ir a Europa por un par de meses para jugar en los estadios
más famosos en el mundo, probar diferentes platillos, música y tal vez van
a conocer a sus esposas?" Él volteo para ver a Rose y le cerro un ojo. Todo
el equipo comenzó a brincar y a gritar todos llenos de felicidad. Los padres
estaban muy contentos también y uno de ellos habló con él, "¿Esta usted
consciente que nosotros no tenemos el dinero para hacer eso?" Él solo sonrió

y le respondió, "Nosotros vamos a cubrir todos los gastos para ustedes y todos los que están asociados con la escuela." Rose sonrió y comenzó a llorar porque estaba tan feliz. Él la vio y se acercó diciéndole, "Rose yo jamás voy a permitir que tú estes triste." Ella respondió, "¿Eres un tonto, yo no estoy llorando porque estoy triste, que no puedes ver en mis ojos mi felicidad?" Él la abrazó y miro a sus ojos llenos de amor. ¡Oh Dios mío, estoy tan feliz con el angel que me enviaste! Él pensaba. Ella lo miro y le preguntó, "Como tú vas a pagar todos los gastos que van a ser miles y miles de dólares?" Él le sonrió y le contesto,

"La corporación esta cubriendo todos los gastos porque ellos creen en lo que estamos haciendo."

Ella lo miro con un poco de dudas. Él lo notó y le dijo, "¿Tus ojos demuestran duda, o no? Por favor ten confianza en mi y vas a saber todo a su tiempo. O, y esto es muy legal. Yo nunca hago algo muy estupido."

Los próximos días fueron pura locura teniendo todo organizado. Era mucho más grande de lo que él esperaba, pero recordó sus maniobras militares y cuan organizado él era. Él se mantuvo calmado y enfocado para poder tener todo listo y poner a todos en los aviones rentados. Él no quería usar aerolíneas comerciales por el tiempo perdido en seguridad, una necesidad en el país para tenerlo seguro. Rose se encargo de todo y ella delegó con varios padres que estaban muy contentos de ayudar en cualquier manera. Ella hizo un trabajo fantástico poniendo a tanta gente en el avión. Todos tenían una lista para completar antes de ir al aeropuerto. Ella les decía, "Yo se que ustedes chicos tontos no quieren perderse este increíble viaje porque se les olvidó algo. Yo se que sus madres van a estar detrás de ustedes para que estén listos." Él también les continuaba recordando todo el tiempo. Muchos de los padres se preocuparon al ver todas las personas en el aeropuerto y que si había suficientes asientos en el avión. Él solo respondió con un pasaje de la Biblia, "¡O gente con tan poca fe! ¡Toda la muchedumbre no vamos a volar en avión comercial, estamos en un aeropuerto privado y vamos a volar en aviones rentados! No se tienen que quitar los zapatos para pasar por el detector de metales. ¡Yo le diré al piloto cuando estamos listos para volar y la comida será fantástica no solo sodas y una bolsita de cacahuates!"

El proceso de abordar fue terminado en unos cuantos minutos sin ningún incidente y ambos aviones estaban cargados con el equipaje, los aviones fueron preparados la noche anterior con el combustible. Él tenía mucha confianza con la experiencia de los pilotos. Tan pronto cuando todos estaban en sus asientos y el avión estaba en el aire estabilizado el servicio empezó con refrescos. A los adultos les podían servir bebidas alcohólicas. Él les dirigió la palabra, "Desde que ustedes apenas acaban de cumplir 21 años ustedes son permitidos volar en el avión en que yo estoy y pueden tener un par de tragos, si es que su mejor mitad les dé permiso." Todos se rieron de su sentido de humor, porque él estaba tratando de calmar los nervios de aquellos que nunca habían volado antes. El piloto puso música muy alegre para que cantaran y crear un ambiente feliz y hacer que el vuelo se sintiera más corto. Poco después la comida fue servida y ellos podían pedir más no como en los viajes comerciales que solo podían tener uno. La comida fue servida con cubiertos y fue deliciosa. Rose había seleccionado las comidas. Él hablo en intercom del avión, "Necesito su atención por favor, todo esto no hubiera sido posible sin una persona en este avión, y no soy yo porque yo no hubiera podido hacer este gran trabajo para todos nosotros. ¡Por favor delen un gran aplauso para demostrar su gratitud a Miss Rose!" Ella se sonrojó y lo miró, "No, yo no soy la que creó todo esto. No puedo tomar el crédito porque él es el responsable y lo único que yo hice es un poco de trabajo." Todos en el avión le mostraron su gratitud. Ellos se sentaron y ambos estaban sentados juntos en silencio por unos minutos y entonces ella tomo su mano con mucho cariño y el le respondió apretando ligeramente la de ella.

Sus ojos se miraron y no había necesidad de palabras porque ellos sabían que estaban enamorados y muy consientes que se iban a casar eventualmente.

Todos los muchachos gozaron con el internet, los juegos o la gran cantidad de colección de películas más recientes. La mayoría de los alumnos estaban entrenados a tener control del tiempo y lo invirtieron la mayoría del vuelo estudiando y teniendo reuniones con los maestros que los acompañaban para proveer instrucción durante su tiempo libre. Todos los adultos estuvieron sorprendidos en cuán responsables y motivados estaban los estudiantes para aprender.

Rose y él pasaron la mayor parte del vuelo con sus manos unidas y comunicándose con los ojos y de ves en cuando él acariciaba su cara suavemente con la palma de su mano y corriendo su dedo por todo lo largo de su hermosa y larga cabellera que había capturado su corazón. "Por favor Rose, nunca te cortes tu hermosa cabellera." Él le mencionó dulcemente al oído. ¡Ella comprendió su petición y ella no planeaba jamás cortarse el pelo! El hombre que ella amaba y él la amaba había sido atrapado con su hermosa cabellera. Ella no quería correr el riesgo de perderlo y además ella adoraba su larga y hermosa cabellera que le había tomado años y esfuerzo en desarrollarla.

Todos vieron que era obvio el amor entre los dos y era una relación que les enseñaba a los muchachos como cortejar a la pareja con la que se querían casar con respeto, dedicación, amor, responsabilidad y paciencia para que no se involucraran sexualmente antes del matrimonio. Los padres estuvieron de acuerdo en que sus hijos estaban aprendiendo mucho más que una gran educación académica, entrenamiento de soccer pero también como ser un hombre real para que un día ellos podían ser esposos y padres con éxito.

Finalmente llegaron a un aeropuerto privado en Madrid, España para comenzar su viaje que les cambiaría sus vidas para siempre incluyendo a Rose y a él. Las limosinas los estaban esperando y ellos no sabían que no se iban a quedar en hoteles pero en casas particulares que los estaban esperando para conocer a los jugadores de un equipo que estaba haciéndose famoso debido a sus habilidades en el campo y algunos conocían de lo académico. Cada familia recibió a un alumno y a sus padres a su casa. Fue una gran oportunidad para comenzar creando relaciones internacionales. Tal vez un día ellos podrían reciprocar en sus propia casas. Ambos Rose y él se hospedaron en casas separadas para protegerse y no dar la impresión equivocada. Día tras día el grupo tubo grandes experiencias siendo hospedados con familias y haciendo nuevos amigos. El viaje estaba siendo un éxito mucho mejor de lo que él esperaba.

El primer juego fue asistido por la mitad de capacidad del estadio y los presentes vieron una gran exhibición de fútbol. El otro equipo nunca se habían enfrentado a tal nivel de destrezas y condición física. Ellos pasaron toda la mitad del juego persiguiendo la pelota y cuando la tenían se las quitaban forzándolos a cometer errores y su falta de condición física empezó a tomar efecto. Ellos simplemente se dieron por vencidos después de ir perdiendo 8-0 y el portero nunca toco el balón. Después de medio tiempo el segundo equipo metió más goles. Los jugadores nunca actuaron como idiotas después de anotar el gol celebrando. Después del juego ellos ayudaron al otro equipo dándoles animo y pasaron tiempo conociéndose. El otro entrenador pasó tiempo y tubo un buen tiempo obteniendo ideas de cómo entrenar a su equipo. La gente en asistencia tomó muchos videos de las mejores jugadas las cuales fueron muchas y las pusieron en el internet el cual se fue viral a través de Europa. Miles de personas los vieron en el internet y estaban ansiosos de pagar para verlos en los siguientes juegos que estaban programados. La voz corrió acerca del equipo y sus jugadores. El otro equipo que iba a jugar contra ellos estaba muy ansioso de saber de ese equipo famoso. Durante su estancia en España él tenía una sorpresa para ellos. Él los llevo a un concierto de opera que la mayoría nunca habían asistido y para eso ellos iban a usar tuxedos nuevos. Y ellos se veían tan guapos y las muchachas los veían y sonreían muy sensualmente. Rose nomas sonrió y lo golpeó en el pecho. "¿Tú demonio sabias lo que iba a pasar, o no?" ¡Ella se rió y él dijo que no sabía nada! Todos tuvieron una noche fantástica gozando un gran concierto par enseñarles que es lo que la gran música se trata. Rose lo vió y le preguntó, "¿Cuántas mas sorpresas planeaste para nosotros mismos, demonio tú?" Él solo sonrió y le dijo, "¡O mi amor! ¿Qué puedo hacer para la que amo y todos eso chicos que me tuvieron confianza?" Ella cerro sus ojos y lo beso suavemente.

El resto del viaje fue sobresaliente. El equipo obtuvo reconocimiento internacional donde a ellos aman al fútbol y los grandes jugadores tienen millones de fanáticos que los hacen mucho muy ricos. Su juego tras juego fue una exclamación en la página de deportes de los periódicos.

Aún los canales de televisión de deportes los empezaron a cubrir por el resto de sus juegos. Entonces jugaban en estadios llenos y muchos de pie por falta de asientos. El equipo estaba muy sorprendido del reconocimiento que ellos recibieron no solo por sus destrezas en el campo, pero por el buen comportamiento de demostraban. Ellos no eran los típicos Americanos que solo hablan una lengua y esperan que todos les hablen Inglés. Los alumnos estaban muy bien educados académicamente preparados y ellos gozaron las visitas a museos y a lugares de fama histórica. Ellos tenían expertos locales que les guiaron en excursiones y les enseñaron acerca de la historia de esa región. Ellos estaban absorbiendo todo lo que se les explicaba. Ellos pudieron intercambiar información personal de esas personas para continuar aprendiendo mucho más. Las personas locales estaban más que dispuestos en enseñarles porque tenían el espíritu para aprender.

Las sorpresas continuaron al ir a una opera y la experiencia de grandes cantantes. Pero la verdadera sorpresa fue ir a ver un campeonato de baile latino para comenzar su educación sensual acerca del sexo opuesto. Ellos se vistieron para la ocasión, pero definitivamente no estaban preparados para lo que iban a experimentar. Tan pronto cuando Rose lo miró de una forma muy especial él la vio y juró no saber nada de esto. Ella sabía mejor. Ella solo sonrió.

Cuando las parejas entraron al escenario de baile todos los muchachos se quedaron con la boca abierta viendo los vestidos tan sensuales y los hermosos cuerpos que se veían tan felices. Cuando la competencia empezó era tan explosiva y les demostraba como conducir a una dama cuando se baila. Él se divirtió muchísimo viendo los ojos de todos sus chicos. Fue la experiencia más hermosa para todos, pero no era todo. Al final de la competencia el anunciador les dijo a todos que un grupo de grandes estudiantes estaban visitando y algunas lindas chicas les encantaría ensañare a esos chicos el baile latino. Él invitó a los chicos a bajar al escenario y a conocer al sus parejas. Esas chicas eran lindas y estaban usando vestidos muy sensuales y los pobres chicos tenían miedo al lado de tan hermosas chicas. La audiencia tubo un gran tiempo viendo grandes maestras enseñar a los muchachos como bailar el baile latino. Él y Rose estaban totalmente gozando de eso. Ella le dice, "Tú verdaderamente lo lograste, qué sorpresa tan agradable. Pobres chicos que no van a poder dormir esta noche." Sonriendo él le responde, "¿Los culpas? ¡Yo pienso que esta noche va a suceder un enamoramiento masivo!" Entonces ellos se dieron cuenta que los chicos eran muy buenos para aprender a bailar latino y les encantaba la música también.

El tiempo voló tan rápido y nadie quería que terminara. Ellos habían conocido a tanta gente tan amable con los equipos que ellos jugaron y otras personas que les enriquecieron su educación. Al final del viaje una fiesta y banquete fue planeado con los jugadores de los equipos que habían jugado y algunas chicas que ellos habían conocido con la comida que ellos habían experimentado. A los chicos les sorprendió que el vino se servia para todas la comidas.

Los padres les permitieron medio vaso de vino solamente. Rose ahora tenía la más grande admiración por él y su amor aumento aún más. Las caminatas de él con Rose por las noches les permitió pasar tiempo juntos para hablar de su futuro juntos compartiendo gran vino, las estrellas y el cielo oscuro. De vez en cuando podían escuchar música de esos países. Las noches eran tan románticas. Él le menciono a Rose que su condición mental estaba muy cerca de curarse para poder tomar el siguiente paso. Ella solo cerro sus ojos, comenzó a soñar, le apretó la mano y Rose coloco su cabeza en el pecho de él. Todo lo que él hizo es acariciar su larga cabellera y su rostro muy amorosamente. Esos momentos caminando solos muy despacio empezó a alimentar el amor que tenían el uno por el otro.

Una de esas noches cuando estaban solos sentados en un area muy romántica cuando había luna llena que convirtió el momento más romántico. Él le pidió a Rose que cerrara sus ojos,

"Rose esta noche tú vas sentir "Besitos de mariposas" pero tienes que mantener tus ojos cerrados." Él tomó un pétalo de rosa que estaba en un vaso en la mesa que ellos estaban sentados y empezó a acariciar sus dedos lentamente, ella empezó a reaccionar con sonidos leves.

Continuó acariciando el brazo muy lentamente hacia su cuello y siguió la ruta para llegar al oído y paso tan lento por los ojos que estaban cerrados y terminó sobre los labios que se abrían un poco con sonidos muy sensuales. Él soltó el pétalo para continuar el mismo camino usando un dedo y al final él comenzó usando sus propios labios desde los dedos de ella, por el brazo, los oídos y finalmente sus labios que ella ya los estaba esperando y al llegar terminaron en un abrazo y las caricias continuaron por horas. Cuando él sintió que él estaba a punto de llegar a perder su control y terminaría haciéndole el amor a Rose esa noche. Él lentamente se separó de ella y le miro los ojos llenos de amor y desilusionada. Él le tocó los labios y ella sabía que él estaba a punto de perder su control y ella hubiera caído con él también. Ella sabía que el sacrificio valía la pena esperar. Ella soñó con su noche de bodas. Ella le apretó la pierna. Él estaba capturado por sus hermosos ojos y su larga cabellera. Ella le dijo, "¡Quiero más de esos "Besitos de mariposas!"

El día de la llegada a casa fue muy emocional. Todos le dieron las gracias por lo que él había hecho para todos. Ellos le preguntaron que deseaba de ellos y estarían muy contentos hacerlo. Después que todos se fueron él y Rose se quedaron solos. Se sentaron a repasar lo que había pasado y estaban muy felices acerca de las experiencias y las de los estudiantes. Tan pronto cuando Rose llegó a su casa tan feliz y llenándolo de alajos a él. Ella les dijo de todas las cosas grandes que hicieron y cuanto ella había aprendido acerca de otras persona por él. Ella estaba tan enamorada de él. Su madre siendo muy protectora le indicó que él debía ser muy rico para poder cubrir el viaje y que tuviera cuidado de sus intenciones. Él puede usarte y tirarte como zapatos usados. Rose se molestó y le mencionó a su madre que ella quería tener sexo con él pero él se oponía hasta que fuera su esposa. Él verdaderamente lo quería también pero le mencionó que haciéndolo en su noche de bodas sería mucho más hermoso para ella y que si lo hacíamos antes devaluaría la relación. Su madre se quedo callada y la abrazó, "Lo siento, yo creo que él es el hombre que te va a hacer muy feliz.

10

LA ESCUELA DESARROLLA EXITO

El esfuerzo en la parte de todos comenzó a dar resultados. Los instructores que él personalmente los había seleccionado estaban extremadamente calificados, las horas de estudio, los grupos pequeños sin interrupciones, responsabilidad personal y más que nada fue el deseo de todos de ser grandes no solo mediocres. Todos empezaron a luchar por excelencia en sus resultados lo cual requería esfuerzo superior lo cual todos estaban dispuestos a poner el esfuerzo para lograrlo. Los instructores nunca habían estado expuestos a ese tipo de estudiantes que aún los forzaban a una educación superior. Los pobres maestros tenían que trabajar tiempo extra para preparase y a ellos les encantaba. Y a todo esto los grandes bonos no lastimaban sus compromisos. La escuela contaba con una gran biblioteca, laboratorio de computación, laboratorio de química y todos los materiales e instrumentos que se necesitaban para la instrucción. Todo lo que la facultad necesitaba se los conseguían. El apoyo era mucho mejor que donde habían estado anteriormente. Cuando ellos daban la instrucción a los alumnos era un placer enseñarles. Los alumnos siempre estaban listos y deseosos de participar en clase, siempre estaban a tiempo, la tarea completa y limpia, todos los estudiantes participaban en discusiones profundas de los temas y los alumnos se preparaban para retar al maestro leyendo material extra. Asi es que todos los maestros eran retados constantemente. A todos les gustaba retarse mutuamente. El dicho era, "Si tú quieres verdaderamente aprender reta a un maestro, pero te tienes que preparar para eso." Los maestros mediocres tienen miedo que los alumnos los reten en los temas y los grandes educadores invitan a los alumnos a que los reten pero se tienen que preparar. ¡Esta es la mejor manera de aprender! Por eso es que la mayoría de las escuelas publicas castigan a los estudiantes que hacen preguntas del conocimiento del maestro. La pregunta más peligrosa que se le puede hacer a un maestro es, "¿Por qué tengo que hacer esto y si es en mi mejor interés?" Aquí todos los maestros son retados con respeto y admiración y es un camino de dos direcciones. El respeto mutuo y demandando excelencia es la forma de vida en la escuela!

La voz corrió del éxito de la escuela y él sabía que los enemigos de la escuela vendrían a cerrar la escuela con mentiras y regulaciones que solo beneficiaba al sistema de educación publica y castigaban a la población estudiantil con educación mediocre. Él tubo una junta general y los preparó para la pelea legal que vendría pronto. Él les mencionó, "Va a ser una pelea dura y larga, pero somos fuertes y estamos unidos. No tengan miedo porque tenemos los resultados y el conocimiento. Nuestra escuela la podemos poner contra otra académicamente y los pondremos en vergüenza si nos retan. ¡Nos vamos a preparar porque su futuro depende en que les demos en la torre! Todo mundo salto y gritaron, "¡Señor, usted nos está respaldando y a la escuela que usted ha creado, nosotros estamos listos para la guerra!"

Al mismo tiempo había una reunión muy diferente en las oficinas de educación del estado. Algunos altos oficiales de educación y lideres de la unión de maestros estaban muy disgustados con ese hombre los había puesto en vergüenza y en su lugar la última vez que se enfrentaron. Los abogados y oficiales de educación revisaron todas las leyes que él pudo haber violado. Ellos pasaron varios días desarrollando un plan de ataque para destruir esa mendiga escuela. Algo que ellos no tenían era estar preparados para una verdadera guerra. Los idiotas no se dieron cuenta de todas las conexiones que él tenía al nivel federal e internacional. Él reunió un gran equipo legal de ensueños porque el tenía los recursos económicos para hacerlo. Tenía muchos expertos y ángeles financieros que creían en la educación privado como él. Esos ángeles financieros estaban dispuestos a reunir una enorme cantidad en una cuenta para esa guerra. La regla numero uno en la guerra es no dejar que el enemigo se de cuenta de tu plan. Tienes que estudiar sus debilidades y sus puntos fuertes. Lo que él hizo fue saber con quien contaban en el equipo del estado y preparar un plan de ataque. Ese grupo de lideres escolares iban a terminar hundidos en popó hasta el cuello cuando él terminará con ellos. Él se dio cuenta que ellos irían a la corte estatal para poner una orden que para de dar instrucción en esa escuela "ilegal." Lo que ellos no se daban cuenta es que una de las madres de sus alumnos trabajaba en una de las escuelas y había escuchado sus planes. Es una gran ventaja cuando se tiene espías en el campamento del enemigo. Él la preparó para que mantuviera silencio y que no hablara con nadie acerca de eso. Él le mencionó que el futuro académico de su hijo estaba en juego y que no se preocupara porque contaban con el mejor equipo de abogados en el país.

Él y un par de sus abogados llevaron documentos a la corte. Analizaron los documentos legales de la corte y prepararon una respuesta. Ellos fueron a la corte en la capital del estado donde les mandaron una order para que pararan de dar instrucción en la escuela. Llenaron una petición para bloquear la orden. Unos días después recibieron una respuesta de la corte que su petición para bloquear la orden de para la instrucción en la escuela había sido rechazada. Su equipo de abogados sabían lo que iba a pasar y ahora ellos tenían que ir a corte donde ellos iban a destrozar al equipo de la educación publica en pedazos legalmente. Las escuelas habían violado tantas leyes federales que protegen al individuo.

El caso fue puesto en la agenda del juez en un par de meses en la corte del estado. Todo el equipo legal fue hospedado en el mejor hotel de la ciudad para que los abogados pudieran prepararse en un lugar muy cómodo.

Cuando el equipo del estado aprendió de quienes eran los abogados de su equipo se empezaron a preocupar muchísimo. Eran las mejores mentes jurídicas en el país, abogados que ellos admiraban o fueron alumnos en sus salones de clases. No tomó mucho para que ellos realizaran que los iban a exponer, estaban haciendo el ridículo y todos los resultados de actuar estúpidamente.

La voz se regó y los periódicos empezaron a seguir el caso de cercas. La organización nacional de educación en casa que ellos querían unirse a la guerra con él. Él estuvo muy feliz dándoles la bienvenida para que fueran parte del equipo. Desde el momento que había mucho por perder se tenia que tomar seriamente y ellos llegaron a la conclusión que la mejor forma de proceder era hacer este un caso federal donde harían una demanda de clase general donde todos los alumnos que tenían clases en casa se beneficiarían. Todos estuvieron de acuerdo que la educación pública les había fallado miserablemente y no querían que sus hijos sufrieran para enriquecer a las compañías asociadas con las escuelas publicas.

El día que el caso empezó la corte estaba totalmente llena y se tuvieron que instalar monitores en otros cuartos para que pudieran ver el caso el exceso de personas. Los abogados de las escuelas comenzaron leyendo las leyes que fueron implementadas para proveer a todos los niños con una educación gratis donde verdaderos profesionales que tenían experiencia tenían mucho éxito educando a los alumnos. El abogado manifestó que lo que la educación en las casas estaba haciendo era proveer una educación deficiente para los alumnos y que no había manera de monitorear la instrucción. Él reclamaba que el dinero que venia del estado le pertenecía solamente a las escuelas públicas. Él les imploró que el dinero que pagaban los impuestos las personas trabajadoras y que ahora estaba perdido a los padres irresponsables que estaban completamente incapaces de educar a sus hijos. Los padres se pusieron de pie para insultar al abogado más bruto el cual no esperaba tal reacción hasta que el juez les pidió a todos que desalojaran la corte por un pequeño receso. El juez ordenó al bruto abogado que fuera con él a su cámara. El juez cerro la puerta de un aventón muy fuerte y comenzó darle una fuerte lección con respecto a como respetar a los padres que ellos también pagaban impuestos y que es lo que estaba pensando que él podía insultarlos. Él no tenía respeto y cuestionó sus habilidades como abogado líder. El juez le pregunto que si él era el líder del grupo que tan malos eran los otros abogados. Ese idiota abogado fue totalmente despedazado en leyes por el juez. El abogado realizó inmediatamente que había sido un estupido al haber tratado de hacer su punto a la corte.

Su equipo reconocieron que ellos habían perdido el juicio en el primer round.

El abogado líder de los estudiantes se puso de pie volteo a ver al enemigo y sonrió. Su preparación era sobresaliente. Él comenzó haciendo muchas preguntas acerca de la educación pública y del sistema que se usaba para educar a todos loa alumnos con los mismos métodos. Él se fue directamente al cuello de su víctima. Les preguntó que sí todos los alumnos aprendían de la misma forma, que si les habían preguntado a los alumnos de lo que querían hacer cuando fueran adultos, porqué se nombraban profesionales si enseñaban de la misma forma a todos los alumnos, le pidió al otro grupos que le explicaran cómo podían tener éxito si no entendían como cada alumno aprendía y su nivel de aprendizaje, como es que pasaban alumnos de grado si es que estaban muy bajos en aprendizaje, les preguntó el porcentaje de los alumnos que estaban preparados para ir a colegio que ellos decían que los estaban preparando a sus víctimas para ir a colegio, cuantos actualmente se graduaban de colegio y tenían una carrera en lo que estudiaron. Todos en la corte estaban asombrados con las preguntas del abogado y el juez nomas se cubría los ojos y movía la cabeza con la paliza legal que estaba escuchando. Ese abogado también presentó hechos a la corte del éxito académico de los estudiantes y como amaban a su educación.

Él también mencionó cómo los abusadores físicos y mentales eran protegidos por la administración de las escuelas porque no querían perder dinero. Él pregunto la causa de los tiroteos en las escuelas y un completo idiota dijo que eran las armas. El abogado solamente se rió al idiota. Él le dijo que eran los abusadores físico y mental los culpables no las armas. Él les preguntó que cuando agarraban a un abusador que consecuencias había y ellos respondieron que había consejería. Él les preguntó que sí tenían consecuencias fuertes y ellos respondieron con una respuesta estupida que eran niños y él los destruyó inmediatamente. Él mencionó que esos abusadores eran criminales y de edad para entender las consecuencias. Todos los padres se pusieron de pie para darle una ovación. Los abogados de las escuelas, esos idiotas, se removían en sus sillas muy incómodamente porque veían a los padres que los miraban con desprecio y falta de respeto.

El juicio continuo los siguientes días siendo una tortura legal para los abogados de las escuelas que deseaban que esto terminara y ya ni siquiera querían ganar el caso. ¡Al final del juicio después de un corto receso el jurado fue unánime en sus resultados, los alumnos habían ganado el juicio! Pero la tortura para los abogados de la escuela se iba a poner aún peor. Todos los padres de los alumnos que estudian en casa querían ser parte de la demanda de Acción de Clase en la corte Federal. El abogado de los alumnos le entregó un papel legal al otro equipo. Tan pronto como el abogado lo leyó su cara se puso pálida como si hubiera visto un fantasma. Él sabía que tan fuerte el caso estaba en favor de los padres, pero ahora les iba a costar millones de dólares porqué sabía que no podían ganar e inmediatamente le pidió al abogado líder de los alumnos que arreglaran fuera de corte. ¡El abogado de los alumnos solo sonrió y le dijo que nos veremos en la Corte Federal! Ese día muchos distritos de educación pública a través del país tuvieron una reunión especial para hacer frente a la peor tormenta financiera que jamás habían experimentado y venía en camino. ¡Los maestros que esperaban un aumento de salario después de muchos años se enfrentaban a las consecuencias de cómo habían tratado a los que enseñaban en case y ahora era la venganza!

El juicio Federal fue completado en un tiempo récord. Todo el sufrimiento finalmente tubo una solución financiera gracias a un hombre que solo los venció al principio. Ahora él tenía no tan solo reconocimiento nacional pero también internacional. FIFA le pidió que diera un discurso a un grupo de educadores de varios países. Él aceptó porque quería poder rescatar a grandes chicos de sistemas horribles en escuelas.

La fecha de los exámenes se acercaba y ellos celebraron su culminación de la escuela con un gran banquete para toda la facultad, los padres y los abogados. Ahora era el momento para que ellos tuvieran éxito superior y pasar con honores altos. Él les dijo que solo aceptaba excelencia y él estaba seguro que serían profesionales con éxito también, seres humanos dignos, esposos, padres, inversionistas pero más que nada ciudadanos conservadores. Él sabía que todos ellos se darían de voluntarios en sus comunidades.

Sus estudiantes tenían que viajar a la capital del estado para tomar varios días de exámenes, eran el SAT, ACT y el IB que eran los exámenes más difíciles que había. El administrador de los exámenes estuvo muy sorprendido y les pregunto que sí querían tomar solo un examen porque tenían mucha demanda física y mental. Uno de los muchachos le contestó, "Tal vez para los que tuvieron una educación mediocre, pero nosotros fuimos preparados para excelencia. Nuestro mentor nos enseño como prepáranos par el éxito no tan solo en la escuela pero en la vida y en los deportes. Pero muchas gracias por su preocupación." El pobre administrador de los exámenes se quedó sorprendido y nunca olvidaría a esos 20 alumnos que se veían tan bien preparados. Él les pregunto que si se habían preparado suficientemente. Uno de los muchachos le dijo que tan miserable la escuela pública había sido hasta que él los conoció y empezó a guiarlos a ser mejores seres humanos con valores y pasión. Él abrió una escuela para solo 20 de ellos y reclutó a cinco instructores que se especializaban en diferentes areas. Había solo cuatro alumnos para cada maestro así es que no había perdida de tiempo. El día comenzaba a las cinco de la mañana para practicar soccer por dos horas y media, bañarnos, comer y estábamos en clase a las ocho de la mañana puntualmente hasta las cinco con una hora para comer, nos cambiábamos de ropa para practicar soccer hasta las ocho, nos bañábamos, cenábamos y estudiábamos hasta las 12 o una de la mañana. El pobre se quedo sorprendido del programa. Le dijeron que él no sería aceptado a la escuela. También le dijeron que los estudiantes tenían una oportunidad de aceptar a los nuevos alumnos porque era un equipo y todos se tenían que tener confianza.

Los exámenes fueron muy intensos y duraron varios días. La preparación fue el motivo de su éxito. Cuando terminaron los exámenes regresaron a casa para descansar y recrearse. Él les tenía otra sorpresa a ellos. Él los iba a llevar a Disneyland en Florida por dos semanas y dejarlos ser muchachos para que se divirtieran por todo lo que pasaron. Esas dos semanas él tubo tiempo para estar con Rose y poder platicar para conocerse mucho mejor. La comunicación es la clave para cualquier relación, especialmente el matrimonio. Los muchachos se volvieron locos de alegría él y Rose estaban muy conscientes que el gran día se estaba acercando, pero había ese SECRETO que le estaba molestando mucho. Si tú quieres que una mujer piense en ti dile que tienes un secreto y eso las vuelve locas. Ellos regresaron a casa después de relajarse por un par de semanas y ahora todo lo que quedaba era esperar los resultados de los exámenes.

11

LA GRAN SORPRESA

Cuatro años pasan my rápido cuando uno está ocupado. El programa académico, personal y atlético salió mucho mejor de lo esperado. Él tenía un sueño y él uso lo que había aprendido en el entrenamiento de los NAVY SEALS. Ahora el encontró dos no solo una razón para vivir. Él iba a sorprender a Rose con más sorpresas. Una era empezar agregando a muchachas a la escuela y ella estaría en control absoluto de su escuela. El segundo era que él había invitado a todo su equipo de NAVY SEALS con generales de su comando y a la que fue Secretaria de Estado, Condoleezza Rice que él admiraba como un ejemplo de pasión y sería un gran ejemplo para las muchachas a seguir. Todos ellos estuvieron muy entusiasmados en asistir. El auditorio tenía capacidad para 5,000 personas. Todo el equipo era nuevo y profesional para usarse. El sonido era claro y las luces eran muy importante para lo que él planeo con los técnicos. Él les dió instrucciones especificas y ellos practicaron y probaron todo lo técnico hasta que estuviera perfecto.

Rose estaba completamente sin saber que era lo que venía. Él la mantenía con saber solo lo que ella tenía que saber. Ellos discutieron la graduación y él le delegó los detalles que ella estaba muy contenta en hacerlos. Las invitaciones salieron un par de meses con anticipo para darle tiempo a los invitados especiales para que tuvieran tiempo en preparase.

Un mes antes de la ceremonia él recibió los resultados de los exámenes que leyó con Rose y ella lo abrazó y lo besó. Él se quejó diciendo que él no había tomado los exámenes. Ambos se rieron y celebraron con una cena muy romántica con una noche llena de estrellas en el cielo. ¡Y hubo más "Besitos de Mariposas" a los cuales ella se había convertido en adicta!

La mañana estaba obscura pero él se levanto de su cama para darse un baño y estar preparado para el día más grande de su vida. El anillo estaba en una caja pequeña. Él lo había ordenado a uno de los joyeros más importantes para que le crearan una obra de arte muy especial para la mujer más bella que le había salvado la vida. ¡A él no le importó que le costó una fortuna de varios millones de dólares, pero el valor de lo que ese anillo significaba para él, ella iba a ser su esposa finalmente! ¡Él preparó su uniforme blanco de oficial de alto rango de gala de los NAVY SEALS que lo hacían verse como un dios Griego super galante! Nunca se lo había enseñado a Rose hasta que él le propusiera matrimonio oficialmente. Él le había pedido a ella que se vistiera con un vestido azul largo y que luciera su hermosa larga cabellera enfrente de ella. Ella no comprendía ese significado que él le había pedido pero ella lo iba a hacer de todos modos. Él llevo su uniforme a los vestidores donde él se vestiría. Él pasó por ella para tomar el desayuno antes de la ceremonia a las 10 de la mañana. La tercera sorpresa era la mansión que él había mandado a construir y la terminaron a tiempo para que él la llevara en su helicóptero personal para que ella conociera su hogar donde ellos vivirían.

Ella escucho un ruido muy alto del motor de un carro deportivo que se acercaba a su casa. ¡Él venia conduciendo un carro carísimo, un Bugatti amarillo nuevecito! Su hermano y el padre salieron del la casa para ver que hacía ese ruido. Sus bocas se quedaron abiertas sorprendidos cuando salió del carro y los saludó. Se dieron abrazos y el hermano totalmente impresionado le preguntó, "¡Hay Dios mío debe de costar una fortuna! ¿Me permites manejarlo?" Él le menciono que siendo un carro tan caro la compañía de seguros del carro solo le permitían a él conducir el carro. Pero le dijo que un día él lo llevaría donde podía manejar carros deportivos.

El chico emocionado exclamó, "¿De verdad?" El hermano le dio las gracias y le preguntó que si se podia sentar en el carro y abrieron el cofre para admirar el motor tan fuerte. El chico tan entusiasmado hizo una pregunta, "¿Cuántos cilindros tiene?" Él le mencionó que contaba con 18 cilindros y por eso el chico no sería capaz de controlar tanta fuerza. Él tubo que tomar 100 horas de entrenamiento para poder comprar el carro. Rose salió vestida luciendo my hermosamente y él vestía un tuxedo negro que los hacia lucir como modelos. Su madre salió de la casa con una cámara para tomar varias fotos. Eran una pareja perfecta. Su madre pensaba, "¿Por qué se está tomando tanto tiempo este tonto para casarse con ella?" Él les recordó a la familia que la ceremonia comenzaba a las 10. Salieron en el carro y él le mencionó a ella que tenía un secreto pequeñito para ella. Ella le preguntó, "¿Es este el secreto con el que me has estado torturando?" Y él sonriendo le dijo, "¡O no este en uno pequeñito!" Ella sonrió y el le apretó la mano. "¿Rose, como te gustaría encargarte de la escuela para muchachas?" Ella reaccionó muy contenta inmediatamente, "¿Qué me estas preguntando? ¿Cómo es que tú puedes leer mentes? Yo estaba a punto de pedírtelo pero tenía miedo preguntarte." Él y ella platicaron del asunto durante el desayuno y al terminar salieron hacía la escuela. En el camino ella admiraba el lujo en el carro e impresionada le preguntó, "¿De quienes el carro?, se ve muy lujoso."

Él le dijo que le pertenecía a la corporación. Ellos llegaron a la escuela muy temprano y los alumnos y sus padres empezaron a llegar. Poco antes de que la ceremonia comenzara varios soldados vestidos de gala entraron y tomaron asientos, poco después varias limosinas llegaron con oficiales militares de rango muy alto entraron al frente donde los huéspedes de honor tenían reservados los asientos con la que fue Secretaria del Estado, Ms Condoleezza Rice que cuando entró muchos la reconocieron muy sorprendidos. Ella estaba totalmente sorprendida, "¿Qué hacen ellos aquí?" Él le respondió, "Ya veras muy pronto, son parte de la sorpresa que he mantenido por tanto tiempo. Aún mis propios padres ignoran mi secreto." La ceremonia dio principio con los alumnos interpretando canciones con sus instrumentos musicales. Después mostraron videos de sus partidos en Europa para demostrar sus excelentes habilidades en el juego.

Un huésped de honor otorgó un reconocimiento a la escuela por el éxito y las relaciones que habían desarrollado. Les extendió una invitación para que la escuela continuara visitando Europa y que algunos equipos vendrían a visitarlos para jugar en el hermoso estadio de la escuela. Cada uno de los alumnos recibieron una medalla de excelencia en la participación atlética. Entonces ambos, él y Rose tenían los resultados de los exámenes y todos estaban muy nerviosos para conocer los resultados. Ellos no estaban preocupados de esos exámenes porque habían sido entrenados al nivel más alto y estaban muy confiados. Él elogió a todo el grupo y dijo que estaba muy orgulloso de todos ellos. ¡Él llamó a uno por uno y todos habían pasado los exámenes al nivel más alto! Todos se pusieron de pie para darles una ovación que duro varios minutos. Sus futuros estaban preparados para la vida!

Él se disculpó y fue directo al cuarto de lockers para ponerse su uniforme blanco de alto rango de gala de los NAVY SEALS con todas las medallas y elogios. Él se veía como un modelo. Ella estaba de pie perdida y no sabía que estaba sucediendo cuando el escenario se llenó de personal militar. Ms Rice y los Generales tenían varias medallas en sus manos. La puerta del escenario se abrió y él entro sonriendo buscándola mientras que ella con la boca abierta se quedo sorprendida con lo guapo que se veía. Él caminó para estar junto a ella y le explicó, "Rose, yo no quería que tú supieras que estuve en el servicio naval. Yo les pedí a todos los miembros de mi equipo para que estuvieron presentes y Mss Rice les iba a otorgar medallas a mi equipo. Yo quiero tener las personas más importantes en mi vida para que vean cuando yo firme mi retiro de la Navy. Él la abrazó y le dio un beso y todos los presentes se pusieron de pie para darle una ovación. Su equipo de NAVY SEALS fueron decorados con medallas, él firmó su retiro del servicio militar y saludó a los Generales por última vez. MS Rice dio un discurso excelente para hacer honor a su equipo NAVY SEALS por su excelente servicio al país y después todos los militares regresaron a sus asientos para ser testigos del evento más importante del día. Él tomó su mano y comenzó hablado en el micrófono, "Hoy van a ser testigos acerca de un verdadero milagro cuando a un hombre le salvaron la vida de una muerte segura." La pantalla enseñó fotos y videos cortos de su equipo militar. Entonces el paró las fotos, videos y comenzó a describir el milagro, "Después de salir del servicio militar yo sufría de una enfermedad mental muy seria que muchos veteranos sufrimos y la crisis en este país es cuantos de ellos cometen suicidio porque es mental y nadie lo puede ver. Yo odiaba a todo mi equipo porque ellos tenían a alguien a quien amar y sus damas amadas estaban ahí para ellos. Me dolió muchísimo." Sus palabras empezaron a tomar efecto en todos y lagrimas rodaron por sus rostros. "Yo perdí todo el sentido de ser un humano y me dejar caer en la depresión. Yo vivía en la calle y no me preocupaba mi apariencia. Si tenía hambre buscaba en los botes de basura o en las banquetas. Empecé a odiar a Dios y ya no creía en ÉL para nada." Entonces eso les pegó a todos, especial- mente a Rose que estaba apretado la mano de él muy fuerte. Entonces el video lo enseño a él durante una tormenta que lo estaba mojando mientras estaba sentado en una banca en el parque, y parecía que a él no le importaba. "Yo empecé a usar palabras muy feas para insultar a Dios gritándole y acusándolo de mi condición y no tener a alguien a quien amar hasta que perdí la voz. En ese momento yo hice la decisión de matarme. Mi problema era que yo sabía muchas formas de hacerlo, pero no me decidía porque hasta con mis propias manos lo podía hacer. Entonces Dios me envió un angel muy hermoso para salvar mi vida! Padre, Madre ella es el angel hermoso!" Rose se dio cuenta inmediatamente quién era él. Sus lagrimas rodaron sobre sus mejillas. Él continuó, "¡Ella se paró donde yo estaba sentado y se acercó bajándose a mi nivel y me dijo las palabras mas bellas que yo he escuchado, DIOS TE AMA! Entonces ella puso sus suaves manos en mi rostro y me besó en la mejilla. En ese mismo minuto mi curación comenzó. Ella me llevó de la mano a un hotel que ella pagó y me dejo varios cientos de dólares para que yo tomara un baño, que compara ropa nueva y comiera algo decente.

Un pequeño detalle del video maravilloso nos enseña como la lluvia paró y las nubes se separaron para que la luna llena nos enseñe la grandeza de esta hermosa mujer que me rescató de mi tumba mental donde estaba. ¡Sus suaves manos y el beso me resucitaron! Ambos padres de los dos estaban llorando y corrieron para abrazar a ambos. Él dijo, "Por favor déjenme hacerle una pregunta a este angel, es una pregunta muy importante." Agarradas las manos y llorando él finalmente le hizo la pregunta. "Rose tú me esperaste hasta que yo estaba restablecido de nuevo, yo no puedo estar solo más tiempo. Tu más bello aspecto acerca de ti es tu amor cristiano. Solo hay una mujer la cual yo deseo que sea la madre de mis hijos. ¡También esos pequeños que yo conocí un día en el parque me han ayudado mucho a mejorar mentalmente porque me dieron mucho amor también, así es que ustedes muchachos locos me hicieron sentir amado y ustedes también me salvaron la vida, yo los quiero mucho! ¡No se cuánto los aprecio!" Él sacó una pequeña caja de su bolsa y se arrodillo para proponerle matrimonio. "Rose te gustaría ser mi esposa de por vida?" Cuando él abrió la cajita la luz se enfoco en el anillo y luces se regaron por todos lados. Ella estaba tan asombrada que no respondió a la pregunta porque estaba hipnotizada con el hermoso anillo. Finalmente ella dio un grito, "SI! Yo he estado soñando con este momento por mucho tiempo." Él le puso el anillo en su dedo y ella lo abrazó muy fuerte y se besaron por varios minutos mientras que las cámaras y teléfonos tomaban muchas fotos. Había mucha felicidad en ese lugar. Él les aviso que los alumnos les iban a dar un concierto. Él y Rose se iban a adelantar para que ella conociera su casa nueva antes que ellos por dos horas. Él finalmente no tenía que tener secretos para ella u otros. Él le explicó que era mucho muy rico y que él era el angel que mandó al abogado a su casa para pagarle la deuda que tenía con ella por el dinero que le prestó sin saber si él te lo regresaría. Su futura esposa no iba a sufrir nada. El carro deportivo los llevó al aeropuerto y ella preguntando a donde la llevaba. "Mi amor no quiero que nos atoremos en el tráfico así es que vamos a usar uno de mis helicópteros para llegar antes que la multitud." Ahí fue cuando Rose se dio cuenta de lo rico que él era. "Vamos a tener una celebración con nuestros seres queridos para compartir nuestra felicidad en nuestra casa." El vuelo fue corto y ella no podia creer su futuro y ella no quería despertar de este sueño tan hermoso. Ella no dejaba de admirar su fantástico anillo de compromiso.

La mansión tenía más de 30,000 pies cuadrados con tres pisos. Había sido completado a tiempo para mostrarlo a todos y todos los empleados estaban esperándolos con carteles grandes felicitándolos. Ellos habían mirado la ceremonia en la casa por transmisión y ellos habían llorado también. Todo el personal se puso en línea para conocerlos. Ella conoció a su secretaria personal que se encargaría de atender todas sus necesidades. "Rose ustedes van a estar juntas mucho tiempo, vamos a conocer a todo el personal y que sepas a que se dedican y que responsabilidades tienen para encargase de tu casa." La mansión contaba con tres pisos y era enorme como un hotel medio grande. Los jardines estaban inmaculados con vegetación que incluía arboles frondosos, flores, arbustos y el pasto muy bien cortado. Cada cuarto estaba amueblado con obras de arte muy caras. Marcos enormes tenían obras de arte originales que le daban el ambiente de un museo. Cada cuarto tenía su propia personalidad. Rose se sintió perdida con el tamaño de la mansión. Había muchos libros de pasta dura de los grandes autores en la historia de literatura. Ella era un gran lectora y reconocía a varios de los autores y no podía esperar para empezar a leerlos. Ella era como una niña en la juguetería más grande. Les tomó cerca de una hora en ver toda la casa y él le dijo, "Rose, hay un cuarto más que no has visto y espero que te agrade tanto como a mí." Ella estaba pensando que donde estaba la alcoba principal. Ellos caminaron al tercer piso que era el area de ellos. Ahí había un cuarto con las más hermosas doble puertas que ella jamás había visto. Él se paró enfrente del cuarto y le pidió que cerrara sus ojos. Lentamente él abrió la puerta y le pidió que abriera los ojos y viera adentro. Sus manos cubrieron su boca abierta. Era una belleza profesionalmente decorado. Todos los muebles fueron diseñados por maestros artesanos alrededor del mundo. Todo se veía tan caro y tenia muy buen gusto aunque ella no sabía del trabajo. Entonces ella notó que no había televisión en el cuarto. "Mi amor la recamara es para que la pareja conversen y hagan el amor sin distracciones. ¿Crees tú que si estas en la cama desnuda conmigo que yo voy a estar mirando televisión?" ¡Ella se rió y entendió qué él era sabio acerca de una relación y que ella iba a divertirse mucho embarazándose!

Las limosinas comenzaron a llegar y el personal de la casa estaba instruido como tratar a los huéspedes y especialmente a los huéspedes de honor. Las excursiones a la enorme casa dejo a los huéspedes en total asombro de su belleza y el arte creado por maestros artesanos. Él le mencionó al grupo, "Solo hay una pregunta que no está permitida mientras están aquí. Nunca pregunten el precio de algo porque no se sabe hasta que se venda que nunca será y además muy pocas personas lo pueden comprar." Todos se rieron e hicieron muchas preguntas y Rose siempre por su lado comenzó a aprender que tan especial su experiencia iba a ser. Los cuatro padres estuvieron totalmente sorprendidos con su dedicación al buen gusto y con su habilidad para organizar. Los padres de Rose estaban convencidos que ella era muy afortunada. Ellos les desearon muchos hijos para recompensarlo por todo lo que había hecho. Él iba a ser un gran papá.

Finalmente llegó el momento para el festín. Mesas largas fueron preparadas con varios cubiertos. Todos iban a experimentar una comida de siete platillos con botellas de champaña y vino de los mejores. Él había ocupado algunos de los chefs mejores para preparar el festín y él quería compartir su felicidad con todos. Los oficiales militares los llamaron para felicitarlos y bendecir su futuro matrimonio. Él le preguntó a un General y a Ms Rice que fueran parte de su matrimonio. La invitación fue aceptada inmediatamente. "Si vamos a tener uno de estos festines yo voy a estar ahí." Alguien hizo el chiste y todos se rieron. Él no iba a dejar que alguien le superara en frente de su Rose así es que él dijo, "¡Si creen que esto es fantástico, esperen a que experimenten el que vamos a tener para la boda!" Rose lo abrazó, lo besó y todos aplaudieron a la feliz pareja. La mayoría de las persona incluyendo a Rose jamás habían comido tales platillos tan excelentes preparados por grandes chefs. Todo el evento desde la mañana hasta tarde en la noche con serenata por músicos terminó muy pronto para todos. Ambos padres invitaron al personal militar y a los oficiales a que se quedaran para jugar barajas en el cuarto de fumar y bar abierto. Ellos se quedaron hasta tarde en la siguiente mañana y se fueron incapaz de conducir sus vehículos y él llamo a varios carros para llevarlos a sus casas.

Las damas invitaron a Ms Rice a quedarse y jugar baraja con ellas. Rose se reunió con las damas y tuvieron un gran tiempo haciendo conversación de mujeres y hablando de la boda. ¡Nadie jamás olvidaría este día tan especial!

12

NESECITO UNA REINA PARA MI REINADO

No hay nada más frustrante para los hombres que cuando una mujer en la familia se va a casar.

Las mujeres se reúnen y nuestra opinión como hombres no es deseada en realidad. Es el día más importante en la vida de los padres y especialmente la hija. Desde que ellas tienen uso de razón toda su existencia es conocer a un hombre que primero les proponga matrimonio y entonces se reúnen en un grupo generalmente de puras mujeres para planear la boda. ¡Solamente las mujeres pueden planear muy bien una boda! Solamente pregunten a un padre que experimentó cuando su dulce princesita se casó. La lista de cosas que se tienen que preparar tienen que delegar detalles para que preparen una boda de ensueño donde la novia es el centro del universo por unos meses hasta la culminación con la boda. ¡Para la mayoría de los padres los gastos son unos de los más grandes de sus vidas, pero vale la pena ese sacrificio! Todas las mujeres en ambas familias de la pareja forman un ejército formidable con una meta en la vida. La madre y hermana de él estuvieron muy involucradas, porque la hermana y Rose se habían acercado mucho porque tenían muchas cosas en común.

Él contrató a los mejores diseñadores para que las damas se vieran hermosas y más que uno de los mejores diseñadores de vestidos de novia vinieron a verla. Su belleza natural los inspiró en el diseño y los detalles fueron hechos a mano lo cual tomaría meses en crear con las medidas. Él había pedido que su larga hermosa cabellera sobresaliera porque expondría su belleza para ese día tan especial que solo sucedería una vez. No iban a tener contratiempos o problemas. Todas las damas estaban muy involucradas para hacer que Rose se viera como una reina. ¡Los hombres solo necesitaban un tuxedo a si es que pasaron los días pescando, jugando golf, ir a los casinos cercanos y hacer tantas cosas que hacen los hombres cuando no tienen que hacer trabajos de mano de obra que las esposas demandan!

Él y Rose se tuvieron que sentarse y ver los detalles que requerían su acuerdo mutuo. Ellos escogieron casarse en Francia en una de las más famosas catedrales. Después del matrimonio planearon viajar a través de Europa donde él planeaba comprar propiedades en algunos de los lugares más románticos. Él estaba muy interesado en vino y tal vez compraría un viñedo ahí.

Aún Rose no sabía que tan rico él era. Pero todas las compras que él hacía eran inversiones no gastos que los tontos hacen con su dinero. Nadie puede llegar a set tan rico sin disciplina, paciencia y sabios consejos. Él siempre obtenía consejos de expertos antes de hacer cualquier decisión financiera. Casarse con Rose era la mejor decisión que no necesitaba consejos de ningún experto. Él solo consulto con su corazón y nunca olvidaría como ella le salvó su vida. Ahora su única preocupación era hacerla la mamá más feliz de todas.

Los costos subieron muchísimo y los padres de él estaban muy preocupados hasta que se dieron cuenta de que tan rico él era e iba a mantener a tres familias. Él se reunió con los padres de los dos para explicarles que ellos también vivirían en la casa nueva con Rose y él. Ellos no podian cree que vivirían tan cerca. La residencia tenia tres pisos y la familia de ella viviría en el primer piso, su familia en el segundo piso y Rose y él vivirían en el tercer piso. La propiedad tenia cuatro piscinas de infinito, cuarto de ejercicios y varios lujos que le gustan a la gente.

Los días, las semanas y los meses pasaron. Terminaron a los vestidos y las damas los adoraban. El vestido de novia era tan hermoso y él solo escuchó de la belleza con que diseñaron y lo terminaron, pero a él no le permitieron verlo hasta que estuviera en la iglesia. Se encargaron de todos los detalles, pequeños o grandes y nada se les paso u olvidó. Todos los arreglos de viaje estuvieron listos a tiempo así es que no había preocupaciones de nada.

El día del viaje llegaron al aeropuerto y todo el equipaje había sido traído al aeropuerto antes que las personas para que estuviera en el avión en el mismo vuelo con las personas. Todos los pasaportes estuvieron listos semanas antes del viaje. No hubo un detalle que fue descuidado.

Iba a ser muy difícil ver otro viaje tan feliz como este con varios aviones rentados llevando personas a Francia. Las personas leyeron, vieron películas o simplemente durmieron hasta que aterrorizaron. Las limosinas los llevaron al hotel para que se pusieran cómodos antes de salir a ver la hermosa ciudad. Unas hora después fueron a cenar y a descansar para las actividades que estaban planeadas con eventos especiales.

La mañana de la boda todos se prepararon para el evento. Todos estaban muy bien vestidos para impresionar a los fotógrafos que los felicitaron por su comportamiento y vestidos y trajes.

El novio estaba en la iglesia esperando a que comenzara la ceremonia y estaba muy nervioso porque tenia mucho miedo. Uno de los hombres en su boda le tubo que dar valor para que se enfrentara a la felicidad con el amor de su vida. "¿Por qué tienes miedo cuando deberías demostrar confianza y amor?" Él solo le mostró que estaba bien con el pulgar apuntando hacia arriba.

Unos minutos después lo cual le pareció una eternidad la gente empezó a entrar en la iglesia y a tomar asientos mientras que él estaba de pie en el frente de la iglesia esperándola. Él verdaderamente quería admirarla en su hermoso vestido de bodas. Él estaba esperando ver la hermosa cabellera larga decorándola con pequeñas florecitas en su pelo. Era como una cascada rodando por su fantástico cuerpo que después de hoy sería de el todo para hacerla mamá. El órgano de la iglesia comenzó a tocar "Ave Maria" y todos se pusieron de pie mirando hacia atrás de la iglesia donde estaban las puertas. Muy lentamente las puertas se abrieron y ahi estaba ella al lado de su orgulloso padre. Ellos se buscaron los ojos y sonrieron mientras que una lagrima rodó en el rostro de cada un causada por el amor que se tenían el uno con el otro. El uniforme de gala militar le daba un aura de poder y virilidad. Su vestido de novia era tan hermoso que todos tomaron fotos de tan fantástica vista de una mujer y como se debe comportarse. Ella estaba despampanante y él no esperaba que una mujer tan hermosa fuera su esposa. La lenta caminata por el centro rodeada de caras que la adoraban y la querían. Todas la damas admiraron su vestido e hicieron comentarios de que tan increíble ella se veía y aunque era muy bella el vestido solo aumento su belleza. Entre más se acercaba a él más nerviosos los dos estaban. Cómo se habían vestido los hacia atraerse aún más. Ella era un a mujer muy hermosa que se sentía muy orgullosa de su feminidad ly él proyectaba masculinidad y confianza. Cuando ella llego al altar su padre le puso su mano en la cara de él y le dijo, "Yo estoy muy orgulloso de mi hija y yo se que tú la amas tanto como ella te ama. Ora a Dios para que tu amor aumente ahora que se pertenecen el uno con el otro." Se abrazaron y sonrieron. Su padre tomo la mano de ella y la deposito en la de él. Rose y él caminaron al altar y tomaron sus asientos para empezar la misa apretándose la manos muy tiernamente. Ahora nuestras vidas comienzan como esposo y esposa. Nuestros cuerpos nos pertenecen el uno para el otro. Él estaba pensando viéndola y ella estaba pensando lo mismo.

La misa fue muy bien asistida y todos mencionaron de la bella ceremonia, la iglesia, el numero de personas aquí y cómo podrían olvidar la novia y el novio que tenían una historia tan fantástica de amor que trascendía cualquier otra boda que habían asistido o jamás asistirán. Nunca habían visto una pareja que estaban tan enamorados. Ella era hermosa por fuera y por dentro y merecía a tal hombre que estaba muy agradecido por salvarle la vida. Él iba a estar totalmente dedicado a ella. Su fortuna no estaba tan mal tampoco.

Después de la ceremonia y todos los documentos firmados ellos continuaron a tomarse las fotos y los fotógrafos y los fotógrafos les preguntaron que si estarían interesados en ser modelos para revistas. Él no estaba interesado en nade de eso y él estaba protegiendo a su espose desde el principio.

Miles de fotos fueron tomadas y videos de la ciudad, la misa y los lugares turísticos más importantes.

Todos fueron llevados a una vinatería que él había comprado para el evento y los invitados iban a tener un banquete. Las largas mesas fueron decoradas muy bonitas para la ocasión y los menus en francés les retaron sus conocimientos del idioma. Muchos batallaron y pidieron ayuda para leerlo. Se les dijo que no lo leyeran porque el menu estaba preparado y que iban a ser unos siete platillos increíbles que les iba a recompensar el paladar y dejarles un exquisito sabor en sus bocas que jamás habían experimentado. Él quería los mejores chefs para que prepararan los mejores platillos para tal ocasión. Uno muchos cumplidos acerca del ambiente en tan bonita vinatería y la calidad del vino producido ahi. Cada uno se iba a llevar dos cajas del mejor vino.

La gente no podia creer la comida y la musica por músicos que se cambiaban de lugar constantemente. Él y Rose ignoraron a todos y solo tenían ojos para ellos. Los invitados entendieron y no se molestaron y no los interrumpieron. Era su día especial. Ambos caminaron por los jardines esperando para irse a su luna de miel. Él le dijo a Rose que había un helicóptero esperándolos para llevarlos a su viaje privado solo para ellos dos. Ellos llamaron a todos y proclamaron que la pareja iba a comenzar su luna de miel. Todos los felicitaron y les desearon una felicidad completa. Su equipo militar hicieron unos chistes de las bodas y les desearon la mejor experiencia. Les preguntaron que a donde irían. "Todo lo que les puedo decir es que es el lugar más hermoso del mundo. Tiene que ser muy especial para nosotros dos." Él se despidió y se fueron para el helicóptero. Volaron unos minutos y llegaron a un aeropuerto privado donde su avión privado los estaba esperando. Ella quería saber a donde irían y él le puso su dedo sobre sus labios y la besó apasionadamente. Caminaron hacia el avión y se subieron para sentarse. Él le mencionó que iba a ser un viaje largo hacia el sur del Pacifico. Ella se quejó, "¿Qué, Por qué no me dijiste para que yo tuviera la ropa adecuada?" Él respondió, "Niña tonta no te preocupes, yo le pregunté a tu madre tus medidas y mande a tu secretaria a comprarlos. ¡Los hombres somos muy pendejos para comprar ropa para mujeres! Se rieron y empezaron a acariciarse para gozar el viaje. Finalmente llegaron a uno de los lugares más hermosos en las islas que un hombre puede gozar con su ser amado. Era el lugar más romántico para pasar la luna de miel especialmente cuando la isla estaba casi desierta y sus empleados estaban en el otro lado de la isla y les dijo que no se acercaran a su lugar porque él necesitaba privacidad absoluta y que si los necesitaba él los llamaría por teléfono.

Cuando ella vio la belleza y el silencio que calmaba del lugar ella lo amó inmediatamente. "Yo nunca esperaba de ti, mi esposo que me ayas traído aqui donde vamos a comenzar nuestras vidas como pareja casados." Él la levantó cariñosamente y caminó con ella a una pequeña choza muy sencilla pero muy cómoda sin aparatos electrónicos. Él le mencionó a ella que le iba a dar toda su atención a ella cada minuto que él estuviera despierto. Todo el tiempo que ellos esperaron ese momento finalmente llegó y él le pidió a ella que se sentará y trajo un pequeño balde con agua para iniciar con una pequeña ceremonia donde él le lavaba los pies con mucho amor prometiéndole que él la iba a amar, a proteger, a cuidar y a atender todas sus necesidades.

Después muy lentamente comenzó a remover pieza por pieza de vestir de ella y Rose también le empezó a quitarle a él cada una de su ropa. Ella le preguntó, "¿Vamos a tener "Besitos de Mariposa?" Él sonriendo le dice, "¡O si mi esposa!" Esos momentos tan apasionados que compartieron fueron mucho mejor de lo que ellos esperaban. Una y otra vez ellos tomaron ventaja de su privacidad para dejar sus instintos que los controlara y conocer el cuerpo de cada uno. Finalmente quedaron exhaustos y callaron dormidos en los brazos de cada uno. La noche fue tan romántica y como esposa la noche fue perfecta para estar con él. Ella se dió cuenta que él tenía razón en esperarse hasta que se casaran antes de tener sexo. !Ella se sintió como una mujer completa que lo podía atacar a cualquier momento y él no tenía otra salida que dar el ancho! Ella ahora comprendió que Dios tenia su mano en todo esto. Ella se dirigió hacia el y le dió un beso muy largo y le susurró al oído con palabras muy amorosas y le dio las gracias por hacer su vida el mas hermoso regalo de Dios. Él la contempló y estuvo de acuerdo con ella. Él ahora era más hombre que antes de tenerla a al mujer más bella para compartir todo con ella.

Al siguiente día él le dijo que tenia que ir a la tienda para comprar algo para comer y ella quería ir también y él se rió, recogió su equipo de pescar y de buscar para entrar al océano a pescar. Ella sonrió y pacientemente lo esperó mientras se divertía jugando en la playa. Ella era como una niña pequeña divirtiéndose tanto. Ella sintió tanta libertad y paz mental sabiendo que ya no era virgen y que él era el hombre perfecto para hacerla una mujer completa. Ella empezó a soñar de la próxima ves con él. Esto se estaba convirtiendo en una maravillosa adición. Mientras estaba en el agua ella se le antojo hacer el amor en el agua. Unos minutos después él salió del océano cargando varios animales que él había pescado para la cena. Él se dio cuenta que ella estaba en el agua completamente desnuda y viéndolo con una sonrisa muy coqueta en la cara. Él puso todo en la arena y caminó totalmente desnudo para complacer a su esposa. Cuando el placer se calmo ellos salieron del océano para secarse. Él camino en la vegetación para escoger diferentes plantas para preparar la cena. Él salió ser un muy buen cocinero. La comida del mar era fresca y los vegetales crearon un platillo muy saludable con los cocos que él corto para beber. Ella muy enamorada le menciono, "Si esta es nuestra vida no quiero dejar este hermoso lugar que me convirtió en tu mujer. Tú haces tantas decisiones correctas y este lugar aparte de donde nos casamos es lo mejor que me has otorgado. ¡Te quiero tanto mi amor!" Él cariñosamente la tomó entre sus brazos besándola apasionadamente viéndola a los ojos le dijo, "¡Rose mi vida esta conectada contigo para siempre, tú me haces el hombre más feliz de todo el mundo!"

Él con mucho amor le dice, "Vamos a pasar unos días aqui y entonces quiero probar la cama en nuestra recamara en casa, o y a todo esto va a continuar por el resto de nuestras vidas así que es mejor que sueltes tus deseos a cualquiera hora." Caminaron por la isla que tenia cinco millas de circunferencia. La vegetación era magnifica, el sonido de las olas era muy placentero y los animales hicieron un lugar perfecto para alejarse del bullicio de la civilización. Ellos conocieron a los nativos y a sus trabajadores que los felicitaron por su boda. Varias de las mujeres admiraron su belleza y lo radiante de una mujer enamorada. Su muy larga cabellera llamo la atención y admiración con las mujeres. Una de las mujeres se acercó a ella y le tocó el estomago y sonrió. Fue un mensaje muy hermoso entre mujeres. Rose sonrió y movió su cabeza diciendo "Si." Ella quería tener un bebé como la dama que tenía dos pequeños. Rose les tocó la cabeza a los chicos y sonrió. ¡Cuánto deseaba ella estar embarazada! Él se dió cuenta del intercambio entre las mujeres y se acercó a ella. Él la tubo muy cerca y le mencionó que él también quería ser papá y que ella sería la única mujer que fuera la madre de sus hijos no hijo. Ella sonrió y puso su cara en el pecho de él.

El viaje de regreso lo hicieron con mucha melancolía de su maravillosa luna de miel y que ellos experimentaron en cada uno los brazos, la peinas, los labios y su total dedicación entre ellos. Ellos no avisaron que venían para poder llegar de sorpresa con sus padres. ¡La mención se veía mas hermosa a ella y ahora tenia que acostumbrarse a este increíble lugar que iba a ser su propio hogar y ella iba a ser la REINA EN SU BASTO REINADO! Los padres estuvieron muy sorprendidos y las preguntas empezaron a caer. La plática duró horas y las familias estaban muy interesado en el lugar que visitaron. La mayoría de las preguntas fueron para ella y estuvo muy entusiasmada en compartir con ellos la belleza del lugar y su experiencia de ser su mujer. Ella les dijo que podría vivir ahí por el resto de su vida y planeaba regresar a ese lugar tan fantástico en cada aniversario de su boda para revivir esa experiencia tan fantástica que vivió. Ella prometió invitarlos para que pudieran visitar a uno de los lugares más bellos que existen. Ambos padres estaban muy felices con lo que había ocurrido y como ellos gozarían sus vidas de hoy en adelante por el resto de sus vidas.

Él y Rose pusieron su cama a buen uso. Ella continuo sus casi diarios ataques al pobre hombre. El sabía que era un trabajo sucio pero alguien lo tenía que hacer, pero el no iba a ocupar a alguien que lo hiciera por él. La mayoría de los días salían de su recamara con una sonrisa en sus caras. Las comidas mejoraron cuando las tres familias se acostumbraron. Constantemente discutían de ideas y preocupaciones de todos. Era un gran ejemplo donde había conversaciones honestas que era la norma y nadie usaba sus celulares que estaban apagados. La oración iniciaban todas las comidas. Siempre servían vino muy bueno y tenían mucho control al tomarlo.

Los días volaron en este cielo en la tierra. Pero Dios bendice a sus hijos constantemente. Durante una comida todo estaba como de costumbre. Rose se sintió mareada y comenzó a vomitar. Él inmediatamente la miró y trató de ayudarla. Ella caminó hacia el baño y él se fue con ella. Su madre los siguió muy preocupada. La única persona que no se preocupó fue una señora mayor que los servía. Ella sonrió, levantó las manos y le dio gracias a Dios y se alejó cantando muy feliz. Esto los tomó a todos por sorpresa. Unos poco después Rose salió del baño no sintiéndose muy bien. Llamaron al doctor para que la examinara. Unas horas y exámenes después el doctor salió del cuarto con una sonrisa de oreja a oreja. El preguntó por el esposo y le dio la noticia más fantástica, "¡Felicidades señor, su esposa está muy EMBARAZADA y ahora su familia va a aumentar! Él no reaccionó en ese momento hasta que el doctor lo tomo por los hombros y le repitió la gran noticia. Él reaccionó llorando y fue donde estaba su Rose. Toda la familia estaba extremadamente feliz.

Rose se convirtió en el centro de la atracción y todos la estaban cuidando. Él estaba completamente feliz. Su amor por ella creció mucho más. Él estaba todo controlado por el estomago que estaba creciendo. Una noche cuando él dormía sintió algo que lo despertó. Él le preguntó a Rose que por qué le había picado. ¡Ella soltó la carcajada!, "¡Tarugo, fue tu hijo que te pateo el trasero¡" Él le puso su mano en el estomago hasta que sintió el movimiento. Él empezó a llorar de felicidad. "¡Mi esposa, tú me resucitaste un día y ahora le estas dando vida a mi hijo. Yo he estado soñando cuando tú beses a nuestro bulto de amor por primera vez y y lo besaré también después!"

Nunca vas a encontrar a un marido tan nervioso acerca del embarazo. Él ocupó a los mejores doctores y enfermeras que estuvieran ahi siempre por 7/24 por las últimas tres semanas. Él no iba a tomar ningún riesgo. Él rentó todo un equipo de hospital para que ella no tuviera que viajar al hospital. Sus caminatas por los jardines acompañados de músicos que inspiraban a todos. Él no dejaba de poner sus manos en el estomago que crecía cada día. El sentimiento de ver el estomago moverse le trajo la mayor felicidad a su vida. Ahora el tenía un gran motivo para hacer cosas más grandes en su vida.

Finalmente el día llegó. Temprano en la mañana ella le dijo que ya era hora. Él brincó de la cama y se trompazo y cayo al piso poniéndose los pantalones. Ella se rió viendo el escena y le dijo, "¿Así es como le vas a dar la bienvenida a tú hijo?" Él se rió y le besó el estomago y la frente. Durante el parto el impacto de ver la cabeza del bebé salir fue demasiado fuerte para él y una enfermera lo tubo que asistir. Cuando se recuperó el bebé estaba llorando y lagrimas de felicidad rodaron por las mejillas de los dos. Le pidieron que cortara el cordon umbilical. Ella les dijo, "Doctor mi marido esta muy nervioso y le puede cortar un dedo." Todos soltaron la carcajada. Finalmente le pusieron a su bebé en sus brazos y ella le dio un beso y él continuó dandole un beso a su hijo. El pobre hombre tenia pavor de dejar caer al bebé así es que una enfermera le ayudó a cargarlo. Rose de nuevo les advirtió, "¡Por favor no dejen que este tonto le dé un baño al bebé!"

Las abuelas comenzaron a alegar como nombrar al bebé. ¡La feliz pareja solo se rieron!

EPÍLOGO

La nueva familia se preocupaba por cada uno. El único trabajo de él era hacer que Rose fuera la novia más feliz en el mundo anticipando cada una de sus necesidades y ella reciprocaba haciendo cosas para él y hacerlo sentir que él era la cabeza del hogar estando ahi para el a toda hora. A ella le encantaba pasar tiempo con las otras damas llenado de viajes de compras constantemente teniendo un presupuesto ilimitado, pero ella era muy sabia tener buenos hábitos de compras. Los padres tenían conexión el uno con el otro y tenía muchas cosas en común. Pasaban jugando golf y fueron a muchos viajes de pesca. Todas las tres familias fueron a muchos viajes juntos y muchas grandes memorias se grabaron en la mente de todos.

La reputación de la escuela creció no sólo en Estados Unidos pero en muchos otros países que comenzaron a mandar grandes jugadores y estudiantes para que los desapoyaran la nivel más alto. Eventualmente otras grandes escuelas empezaron comenzaron a ser construidas en barrio países que estaban muy interesados en duplicar ese éxito. Su equipo de NAVY SEALS le ayudó a desarrollar escuelas en diferentes países. Rose también abrió la escuela para muchachas.

Un día Rose lo notó muy serio y ella estaba muy preocupada acerca de su marido como una gran esposa que va a atender todas las necesidades de su marido. ¡Él le dijo que no se preocupara porque él tenía un plan para asistir a los soldados lastimados que regresan con problemas mentales y él quería crear un lugar para que ellos conocieran a muchachas jóvenes que estarían interesadas en conocer a un hombre que en muchas oportunidades recrear su propia historia una y otra vez de nuevo! Ella brincó y lo abrazó diciéndole que ella quería ser la que reclutara a las damas y entrenarlas para atender a los soldados.

Esta historia es ficción pero puede ser realidad cuando las personas creen en Dios y actúan como cristianos con amor y encontrar una causa para luchar por ella.